Almut Irmscher

Das Irland-Lesebuch

Impressionen und Rezepte von der grünen Insel

Inhalt

Fotos aus Irland

finden Sie online im Fotoalbum auf

www.almutirmscher.de

Einführung

Weit erstreckt sich das Land bis zum Horizont. Es ist von betörend sattem Grün, das sich in der Ferne im lichten Nebeldunst verliert und ganz allmählich mit dem wolkenverhangenen Himmel zu verschmelzen scheint. Dort, wo man das Tosen der Atlantikbrandung am felsigen Abgrund erahnen kann. Wo die Wogen gegen schroffe Klippen schlagen, über denen sich das Land gleich einer magischen Feeninsel aus einem längst vergessenen Märchen erhebt. Wo es über dem Ozean zu schweben scheint wie eine grünende Festung, eine Hüterin uralter Geheimnisse, umhüllt und verborgen von den schützenden Schleiern der Anderswelt.

Ein prächtiger Regenbogen spannt sich über die sanft gewellten Hügel dieses mysteriösen Eilands, als sei er das schillernde Eingangstor zum Reich der Naturgeister. Zu einer Welt der Feen und Elfen, der Kobolde und Gnome.

Und wie ich dort stehe und dieses magische Schauspiel bestaune, fast schon verträumt in jene Anderswelt hinüberzugleiten beginne, da ist es mir mit einem Mal, als sähe ich ein kleines Männlein hinter einer grünen Hecke hervorlugen. Ich reibe mir die Augen und schaue dann noch einmal genauer hin. Kein Zweifel! Es trägt grüne Knickerbocker und ein ebensolches Jäckchen, ein Hut mit breiter Krempe bedeckt sein übergroßes, rot beschopftes Haupt. Eben noch steht es, krault seinen krausen feuerroten Bart und mustert mich mit skeptischem Blick. Dann grinst es spöttisch, kichert leise und ist im nächsten Augenblick hinter dem dichten Geäst verschwunden.

Rasch löse ich mich aus meiner träumerischen Starre und springe hinterher. Denn ich weiß genau Bescheid! Das ist nämlich kein anderer als der Leprechaun, der seinen Schabernack mit mir treiben will. Na warte, Bürschchen, dir werd‘ ich's zeigen! Ich werde dich erhaschen, dich neckischen kleinen Kobold! Und dann werde ich dich an deinen schmächtigen Schultern packen, du wirst schon sehen! Ich werde dich nicht mehr auslassen, so lange, bis du mir das Versteck deines goldenen Schatzes verraten hast! Ich weiß ja, du hast ihn am Ende des Regenbogens vergraben, und genau dorthin wirst du mich führen. Das wirst du nicht freiwillig tun, denn du bist geizig. Du möchtest mit niemandem teilen, geschweige denn möchtest du dein gesamtes wohlgehütetes Gold hergeben.

Doch wenn ich dich zu fassen bekomme, dann hast du keine andere Wahl mehr. Dann werde ich glücklich auf den grünen Wiesen am Ende des Regenbogens tanzen, in meinen Armen ein Topf voller glitzerndem Gold. Und du, kleiner Leprechaun, wirst wieder davonziehen müssen, um die zarten Schuhe der Feen zu nähen. Damit wirst du dir neues Gold verdienen, das du dann wieder am Ende des Regenbogens verstecken kannst, um die Menschen erneut zu necken und in die Irre zu locken. Aber nicht mit mir!

Warte nur, kleiner Leprechaun, ich komme!

Gedanken über Irland – eine erste Annäherung

Kaum merklich huscht ein verzücktes Lächeln über die Lippen meiner Freundin Gunhild, als ich ihr erzähle, dass mein Mann und ich einen Flug nach Dublin gebucht haben. „Irland“, seufzt sie, und ein Hauch von sehnsuchtsvoller Wehmut scheint bei diesem Wort mitzuklingen. Doch schon schlägt ihre aufkeimende Melancholie in unverhohlene Begeisterung um, und wie ein klarer irischer Wasserfall beginnen die Worte aus ihr hervorzusprudeln. Irland, diese wunderschöne Insel, auf der sie schon so oft gewesen ist, angefangen von den ersten Reisen zu Beginn ihrer Studienzeit vor vielen Jahren. Sie erzählt von Klosterruinen und Burgen, von keltischen Kreuzen und geheimnisvollen schlanken Rundtürmen aus grauem Stein. Von grünen Hügeln und endlosen Hecken, von einsamem Hochmoor und bizarren Klippen, von rothaarigen Menschen und allgegenwärtiger Musik. Und dann leuchten ihre Augen auf, und sie sagt: „Molly Malone! Du musst unbedingt Molly Malone besuchen!“ Wer ist Molly Malone?

„Ach Irland, wie wundervoll“, seufzt auch meine Nachbarin Brigitta. Und dann öffnet sie ihren Laptop, um mir die Fotos von ihrer Irlandreise zu zeigen, eine Sinfonie in Grün und Blau. Auch sie beginnt zu schwärmen und hüllt mich wohlig in die weichen Wolken ihrer Erinnerungen. Irland, ein Land, das Träume weckt. Mit der Buchung dieser Reise scheinen wir eine goldrichtige Entscheidung getroffen zu haben.

Dabei war mein Mann zunächst gar nicht überzeugt. Auch er ist schon einmal in Irland gewesen, damals, während seiner Zeit als Marinekadett auf der Gorch Fock. Bittere Armut habe er dort gesehen, so erzählt er, Trostlosigkeit und Menschen, die gezeichnet waren von Mangel und Bedürftigkeit. Eine Elegie aus bröckelndem Putz, tief treibenden Regenwolken und erbarmungslos kriechender, grabeskalter Feuchtigkeit.

Doch dann wiederum liegt das fast vierzig Jahre zurück. Irland hat sich in dieser Zeit stark verändert. Der quälende Konflikt im britischen Norden der Insel hat nach vielen Jahren der blutigen Auseinandersetzungen endlich ein Ende gefunden. Nachdem Irland 1973 Mitglied in der EWG geworden war, der Vorläuferorganisation der Europäischen Union, erlebte es schließlich ab den Neunzigerjahren einen kräftigen wirtschaftlichen Aufschwung. Vollmundig pries man Irland damals bereits als „keltischen Tiger".

Dieser Tiger kam allerdings im Zuge der Finanzkrise von 2008 dramatisch ins Schleudern, sodass das Land sogar zeitweise unter den Euro-Rettungsschirm der EU schlüpfen musste. Doch es konnte seine Staatsfinanzen dank drastischer Sparmaßnahmen erfolgreich sanieren und den Rettungsschirm schon 2013 erhobenen Hauptes wieder verlassen.

Letztendlich boomte Irland auch dank der bis vor kurzem geltenden extrem niedrigen Unternehmenssteuersätze, die Global Player wie Google, Apple, Facebook, Amazon, PayPal, Twitter, Dell oder Microsoft dazu veranlassten, hier ihre Europaniederlassungen zu platzieren. Und außerdem wegen heimischer Erfolgsunternehmen wie Ryanair, Guinness, Primark sowie der Milchwirtschaft mit der Marke „Kerrygold". Trotzdem darf man nicht übersehen, dass Irland auch heute noch Westeuropas höchste Quote an Menschen hat, die in relativer Armut leben, und zwar mit einem Bevölkerungsanteil von 22 Prozent.

Und dennoch ist Irland gerade für die Deutschen seit der zweiten Hälfte des letzten Jahrhunderts zum Sehnsuchtsziel aufgestiegen. Das lag vielleicht vor allem an Heinrich Böll, der mit seinen im Büchlein „Irisches Tagebuch" zusammengetragenen Irland-Erfahrungen so etwas wie den Grundstein aller Irlandträume gelegt hat. Und gleich auf der allerersten Seite verdeutlicht der große Literat den Lesern auf seine klare, unprätentiöse Art mit wenigen Worten, was es mit der irischen Armut auf sich hat: Armut, so sagt er, ist hier keine Schande. Sie ist wertfrei und genauso bedeutungslos wie Reichtum. Das freilich klingt nach einem fast schon paradiesischen Gesellschaftsideal. Vielleicht liegt genau darin der Keim der Schwärmerei, den sein Buch auszulösen vermochte.

Böll erzählt in den verschiedenen Artikeln dieses Buches vom Irland der 1950er Jahre. Damals war die Insel noch weit mehr als heute von tiefer Armut geprägt, ein Nachhall der jahrhundertelangen Besetzung und Ausbeutung durch die Engländer und der daraus resultierenden Perspektivlosigkeit auf der abgeschiedenen Insel am äußersten Westrand von Europa. Folgen davon waren auch die desolate Wirtschaft und die verheerende Hungersnot im neunzehnten Jahrhundert, die dazu führten, dass Irland durch die massenhafte Auswanderung seiner Bewohner nach Amerika und England ausblutete. Und dennoch gelingt es Böll, ein wenn auch schwermütiges, so doch im Grunde lebensbejahendes Bild von Irland zu zeichnen. Vielleicht hat die duldsame Genügsamkeit der Iren den Schriftsteller angesichts des noch in Trümmern liegenden Nachkriegsdeutschlands und seiner eigenen damaligen Mittellosigkeit ja auch besonders beeindruckt.

Böll verbrachte bis in die Siebzigerjahre hinein viel Zeit in Irland. Sein Lieblingsplatz war ein Ferienhaus auf Achill Island, einer Insel vor der Küste der Grafschaft Mayo, die über eine Brücke mit dem Festland verbunden ist. Hier, in der Abgeschiedenheit einer der nordwestlichsten Ecken unseres Kontinents, lebte und arbeitete Böll oft monatelang. Nach seinem Tod übernahm eine Stiftung das Cottage und führt es seitdem als Gästehaus für Künstler aus aller Welt. Und natürlich sind es insbesondere Schriftsteller, die sich vom „Böll Cottage" angezogen fühlen.

Überhaupt scheint Irland die Wortkünstler mit einer geradezu betörenden Magie in seinen Bann zu ziehen.

Manch einer hat über die grüne Insel geschrieben, viele Romane sind hier angesiedelt, doch noch weitaus bemerkenswerter ist es, dass Irland selbst eine auffallend große Anzahl von bedeutenden Schriftstellern hervorgebracht hat. Darunter sind allein vier Nobelpreisträger und so illustre Persönlichkeiten wie Jonathan Swift, Oscar Wilde, James Joyce, Samuel Beckett oder George Bernhard Shaw. Das ist umso erstaunlicher, als die Einwohnerzahl der Republik Irland sich gerade mal auf viereinhalb Millionen beläuft und die ganze Insel nicht größer ist als Bayern.

Vielleicht liegt die Wurzel der Inspiration in Irlands Vergangenheit, in den mystischen Nebeln der steinzeitlichen Kultur, deren Spuren man noch heute überall auf der Insel in Form von imposanten Megalithanlagen begegnet. In der facettenreichen spirituellen Welt der Kelten, die Irland ab der Eisenzeit besiedelten und deren Geistwesen und Gottheiten noch heute in der irischen Mythologie lebendig sind. Im Christentum, das hier im äußersten Winkel des Kontinents seine Feste fand, als der Rest von Europa nach dem Untergang des Römischen Reichs im völligen Chaos versank. Es waren irische Missionare, die die christliche Lehre schließlich wieder zurück auf den Kontinent trugen, und heute heißt es, dass Irland katholischer sei als der Vatikan. Die Folgen dieser ausgeprägten und strengen Religiosität waren nicht immer durchweg positiv, was finstere Gräben von rigiden Moralvorstellungen und üblen Missbrauchsskandalen aufbrechen ließ und im Konflikt zwischen Katholiken und Protestanten zu dem schrecklichen Blutvergießen in Nordirland geführt hat.

Letzteres gehört zum Glück der Vergangenheit an, die Grenze zwischen der Republik und dem britischen Norden ist offen, und fährt man von einem Land ins andere, so merkt man allenfalls an den Entfernungsschildern am Straßenrand, dass man sich in einem anderen Staat befindet. Denn in Nordirland gelten nach anglo-amerikanischer Sitte Meile und Inch, Foot und Yard. Genau wie Fahrenheit und Gallone, Pint und Pound. In der Republik Irland wird hingegen meist in den vertrauten Metern und Kilometern, Kilos und Litern gemessen und außerdem mit Euro bezahlt.

Nun sitze ich im Flugzeug nach Dublin und denke über all das nach, was ich gehört habe. Und natürlich auch über die Klischees, die ich selbst im Laufe der Jahre gesammelt und abgespeichert habe. Die grüne Insel, auf der es ständig regnet. Schafe, überall Schafe. Zu essen gibt es nichts als Irish Stew. Die Menschen sind rothaarig und sommersprossig, vielleicht auch ein bisschen raubeinig, auf jeden Fall aber trinkfest. Sie haben stets ein Pint dunkles Guinness oder wahlweise ein Glas bernsteinfarbenen Whiskey vor sich auf der Theke des allgegenwärtigen Pubs, während eine lustige Musikantentruppe lautstark und etwas schräg irische Volksmusik dudelt. Manche der Pub-Besucher haben sich schon zum fröhlichen Irish Dance zusammengefunden, und alle singen mit, wenn der Refrain einsetzt…

Was erwartet mich nun wirklich in Irland?

Irish Stew

Zutaten für 4 Personen: *1200 g Lammschulter ohne Knochen, 1 kg festkochende Kartoffeln, 300 g Zwiebeln, 1 Bd. Blattpetersilie, 4 Thymianzweige, 2 Lorbeerblätter, Butter zum Einfetten, Pfeffer, Salz*

Zubereitung: *Die Zwiebeln schälen, halbieren und in dünne Halbringe schneiden. Das Fleisch grob in Würfel schneiden, die Kartoffeln schälen und in etwas feinere Würfel schneiden.*

Einen schweren Eisentopf mit Butter einfetten, dann zuunterst eine Schicht Fleischwürfel legen, darauf eine Schicht Zwiebeln und eine Schicht Kartoffeln. Pfeffern und salzen, dann erneut Fleisch, Zwiebeln und Kartoffeln übereinanderschichten, pfeffern und salzen, so lange, bis alles verbraucht ist. Thymian und Lorbeerblätter mit Küchengarn zusammenbinden und dazwischenstecken. 500 ml Wasser dazugießen und mit dem Deckel verschließen.

Den Backofen auf 200°C vorheizen und den Topf für 2 Stunden hineinstellen. In der Zwischenzeit die Petersilienblättchen waschen, abzupfen und grob hacken.

Nach Ende der Garzeit den Topf aus dem Ofen nehmen und 10 Minuten lang ruhen lassen. Dann das Irish Stew auf Tellern anrichten und mit der Petersilie überstreuen.

Irish Stew *ist ein traditionelles Armeleuteessen und deshalb in Irland selbst inzwischen etwas verpönt. Varianten sind das Dublin Stew, das kräftiger gewürzt wird, und das Fulde Stew, bei dem zusätzlich klein geschnittener Weißkohl mitgegart wird.*

Tart with the Cart – Molly Malone, Irish Folk and Dance

Molly Malone war eine bezaubernde junge Frau. Ihre Anmut war so groß, dass manch einer innehielt und ihr hinterherschaute, wenn sie ihren Karren durch die Straßen von Dublin schob. Doch die Zeiten waren hart, von Schönheit allein konnte man nicht leben. Und so kam es, dass Molly Malone nicht mit duftenden Rosen geschmückt war, wie es vielleicht angemessen gewesen wäre. Nein, sie schob stattdessen stinkenden Fisch durch die Stadt, denn sie war Fischhändlerin, wie schon ihre Eltern es vor ihr gewesen waren. „Cockles and mussels, alive, alive, oh“, rief sie, „Herzmuscheln und Miesmuscheln, lebendig, lebendig!“, immer wieder „cockles and mussels“, tagein, tagaus.

Es ist eine traurige Geschichte, denn eines Tages erkrankte Molly Malone an einem bösartigen Fieber, und das raffte sie trotz ihrer Jugend erbarmungslos dahin. Seit jenem Tag vor gut dreihundert Jahren, so heißt es, wandert Mollys rastloser Geist durch die Straßen von Dublin. „Cockles and mussels“, ruft er dabei immer wieder, und „alive, alive, oh“.

„Kennst du wirklich Molly Malone nicht?“ Gunhild schüttelt fassungslos den Kopf und öffnet ein Video auf YouTube. „Hier“, sagt sie, „die Dubliners. Deren Musik hab‘ ich zu meiner Studentenzeit immer gehört. Und du willst mir wirklich sagen, dass du das nicht kennst?“

Etwas beschämt höre ich zu und versuche, meine Unwissenheit mit cooler Nonchalance zu überspielen. Doch natürlich kenne ich das Lied! Das sang doch der betrunkene Landstreicher in Stanley Kubricks „A Clockwork Orange“!

Aber nicht der, sondern vielmehr die Dubliners haben Molly Malone weit über Irlands Grenzen hinaus berühmt gemacht. Das Volkslied aus dem neunzehnten Jahrhundert ist jetzt so etwas wie die heimliche Hymne von Dublin, und das Denkmal der jungen Fischhändlerin, von den Dublinern frech „Tart with the cart“ – „Flittchen mit Karre“ – genannt, ist zu einem Wahrzeichen der Stadt avanciert.

Ob es Molly Malone jemals gegeben hat, weiß niemand mehr. Doch sie ist ein sehr lebendiges Beispiel für „Irish Folk“, die irische Folkmusik, die in den letzten Jahrzehnten immer populärer geworden ist und ohne die man sich die Irlandromantik kaum noch vorstellen kann. Aus beinahe jedem irischen Pub dudeln ihre Weisen heraus, natürlich live und authentisch vorgetragen, und nur durch diese Musik entsteht die typische, urige Atmosphäre, in der das Pint Guinness erst so richtig schmeckt. Musiker wie die Dubliners oder die Chieftains sind mit Irish Folk zu Weltruhm gelangt, und Festivals mit irischer Folkmusik finden mittlerweile überall statt. In Deutschland gibt es zum Beispiel regelmäßige Veranstaltungen in Duisburg, Stendal und Itzehoe, auf der Burgruine Volmarstein oder auf der Balver Höhe im Sauerland, um nur einige zu nennen.

Eingefleischte Fans behaupten, die irische Folkmusik stamme in direkter Line von der Kultur der Kelten ab, jenem geheimnisvollen Volk, das Europa im letzten vorchristlichen Jahrtausend besiedelte und das schließlich um die Zeitenwende herum vom Römischen Reich assimiliert wurde. Die Kelten hinterließen keine schriftlichen Aufzeichnungen, alles, was wir über sie wissen, stammt von griechischen und römischen Autoren. Diese schreiben zwar von keltischer Musik, geben aber keine Hinweise auf deren Klangweise und Rhythmen. Münzen und Reliefs zeigen die keltische Carnyx, eine Art lange, hornartig gebogene Trompete aus Bronze, außerdem verschiedenartige Saiteninstrumente.

Nur in vereinzelten Randzonen von Europa konnten Teile der keltischen Lebensart überdauern, so in der Bretagne, in Cornwall, Wales, Schottland und besonders in Irland. Die irische Sprache, die seit 1922 wiederbelebt wird, hat ihre Wurzeln in einer uralten keltischen Sprache, wenn auch die genauen Details ihrer Herkunft und Entwicklung heftig umstritten sind. Entstammt somit auch die irische Folkmusik zumindest in ihrem Ursprung einer keltischen Tradition?

Eine der historischen Musikrichtungen, die schließlich in die irische Folkmusik mündeten, ist „Puirt a beul“, ein uralter rhythmischer Sprechgesang, der von Tanzmusik begleitet wird. Während dabei ausgelassen gefeiert und getanzt wird, trägt der Sänger mit lauter Stimme witzige, manchmal etwas schlüpfrige oder auch vollkommen sinnlose Texte vor.

Eine andere Wurzel der Folkmusik findet sich im „Sean-nós“, einer mit rauer Stimme gesungenen A-cappella-Musik. Hierbei gibt es keine festen Regeln, charakteristisch sind aber langgezogene Töne oder Klangornamente, bei denen eine einzelne Silbe mit mehreren Noten belegt wird. Im Gegensatz zum „Puirt a beul“ spielt der Textinhalt eine herausragende Rolle, der Sänger ist eine Art Geschichtenerzähler, dem das Publikum aufmerksam zuhört. Entsprechend fand dieser Gesang traditionell im kleinen, intimen Rahmen statt.

Niemand weiß, wer diese beiden Liederarten zuerst zum Erklingen gebracht hat. Es mag wohl sein, dass es keltische Barden gewesen sind, die bereits ähnliche Weisen vortrugen. Mit der Zeit flossen die beiden Gesangsrichtungen zusammen, zunächst meist noch als reiner Gesang, später mehr und mehr von Instrumenten begleitet. Ganz besonders waren das Geige, Holzquerflöte und Akkordeon, die typische „Tin Whistle“, eine einfache Metallflöte, und die „Uilleann Pipes“, der irische Dudelsack. Später kamen noch „Bodhrán“, eine Rahmentrommel, und die „Irische Bouzouki“, ein lautenartiges Saiteninstrument, hinzu. Inzwischen wird Irish Folk auch von zahlreichen anderen Instrumenten wie Klavier oder Gitarre begleitet und manchmal von der irischen Harfe „Cláirseach“, deren Säule typischerweise gebogen ist und die in direkter Linie von einem keltischen Instrument abstammen soll. Heute vermischt irische Folkmusik ihre althergebrachten Rhythmen mitunter mit den verschiedensten Klangelementen und Musikrichtungen zu einem neuartigen, multikulturellen Mix, genauso wie moderne Pop- und Rockmusik Zitate aus dem Irish Folk übernehmen.

Spätestens mit der Gründung der Band „The Dubliners“ im Jahr 1962 trat die irische Folkmusik ihren Siegeszug um die Welt an. Ihre Klänge öffneten ganz besonders die Herzen der in den USA lebenden Menschen mit irischen Wurzeln, und das sind nicht eben wenige.

Die entsetzliche Hungersnot, die zwischen 1845 und 1852 in Irland herrschte, forderte mehr als eine Million Todesopfer. Wer es irgendwie konnte, der ergriff die Flucht vor diesem grauenhaften Elend. Und so kam es, dass rund zwei Millionen Iren die Insel verließen, die meisten davon versuchten ihr Glück im aufstrebenden Amerika. Doch die melancholische Sehnsucht nach ihrer schönen Heimat ließ diese Menschen niemals los. Deshalb traf die irische Folkmusik bei ihnen auf fruchtbaren Boden. Neu durchmischt und belebt durch originelle Interpretationen setzte sie ihren Erfolgszug um die ganze Welt fort.

In den Neunzigerjahren des letzten Jahrhunderts kamen mit „Lord of the Dance“ und „Riverdance“ neue Künstler hinzu, die alte irische Volkstänze zu spektakulären Bühnenshows aufpeppten. Diese Tänze werden solo, paarweise oder in Gruppen getanzt und haben ein breites

Spektrum, das vom „Sean-nós“, dem Stepptanz aus dem Westen Irlands, bis zum „Céilí“, einer Zusammenstellung von Figurentänzen, reicht.

Besonders der rasante „Set Dance“ erfreut sich dabei großer Beliebtheit. Er ist die irische Antwort auf die höfische Quadrille, die von den britischen Truppen im neunzehnten Jahrhundert nach Irland gebracht wurde. Die Iren pfiffen auf die strengen Regeln und starren Figuren dieses barocken Tanzes, spielten stattdessen ihre eigene flotte Musik und verwandelten die aus mehreren Paaren bestehende steife Gruppenformation in eine ausgelassene Gaudi.

So viel Spaß erregte jedoch das Missfallen der Kirche, deren Einfluss in Irland besonders groß ist. Der Set Dance galt viele Jahrzehnte hindurch als ungehörig und wurde erst in den wilden Siebzigerjahren des vorigen Jahrhunderts allmählich wiederbelebt. Umso fulminanter geriet sein Wiederaufstieg, denn heute ist dieser Wirbelwind mit seinen vielen Variationen der unumstrittene Star unter Irlands Tänzen.

Ob auch Molly Malone schon zu irischer Folkmusik getanzt hat? Wenn ich sie mir so ansehe, wie sie da in Bronze gegossen vor ihrem Karren in Dublin steht, kann ich mir das nur schwer vorstellen. Zu traurig sind ihre Augen, zu resigniert wirken ihre Gesichtszüge. Es scheint ganz, als ob sie ihr trauriges Schicksal schon erahne. Doch ganz offensichtlich ist ihr dabei nicht bewusst, dass sie mit ihren „Cockles and mussels“ die Unsterblichkeit erlangen wird!

Irish Brown Bread

Zutaten: *600 g Weizenvollkornmehl (möglichst mit Schrot), 200 g Weizenmehl Typ 405, 600 ml Buttermilch, 40 g Natron, 60 g brauner Zucker, 60 g Butter (zimmerwarm), 1 Tl Salz, Butter zum Einfetten*

Zubereitung: *Mehl, Natron, Salz und Zucker in eine Schüssel geben und gut vermischen. Die Buttermilch unter ständigem Rühren hinzugießen, dann die Butter und das Vollkornmehl dazugeben und mit den Händen zu einem weichen, aber nicht klebrigen Teig verkneten. Eventuell noch etwas Wasser oder Mehl hinzugeben, sollte der Teig zu zäh oder zu klebrig sein. Kräftig verkneten, dann in eine mit Butter gut ausgefettete Kastenform geben und an der Oberseite kreuzweise einschneiden.*

Den Backofen auf 220°C vorheizen und die Kastenform mit dem Teig hineinstellen. 20 Minuten lang backen, dann die Temperatur auf 180°C reduzieren und weitere 20 Minuten backen.

Das Brot ist fertig, wenn es beim Daraufklopfen hohl klingt.

Brown Bread *hat eine lange Tradition. Während der großen Hungersnot im neunzehnten Jahrhundert wurde es an die Armen verteilt. Nach Abklingen der Hungersnot geriet es als Arme-Leute-Brot in Verruf und war deshalb für eine Weile weniger gefragt. Doch schon bald erkannte man seine gesundheitlichen Vorzüge, das Brown Bread wurde wieder populär und ist heute Irlands beliebtestes Brot. Es ist Frühstücks- und Abendbrot, und natürlich begleitet es Suppen und Eintopfgerichte wie Irish Stew.*

Der Heilige und der Wunschbaum – die Geschichte des Tobar Mac Duach

Hoch im Norden Irlands beginnt in Derry eine seit 2014 als „Wild Atlantic Way" bezeichnete Route, die sich mit mehr als 2.600 Kilometern Länge fast bis nach Cork ganz im Süden der Insel hinabschlängelt. Es ist eine der längsten Küstenstraßen der Welt, die der Westküste folgend durch eine atemberaubende Landschaft verläuft, geformt von der Urgewalt des Atlantischen Ozeans. Der Weg führt durch zauberhafte kleine Küstenstädtchen und vorbei an Burgen und uralten Ruinen, umweht vom Zauber geheimnisvoller Geschichten, von denen viele schon längst in den Nebeln der Vergangenheit versunken sind.

Wir fahren auf dieser Straße durch die stille Karstlandschaft der Burren. Hügel, über deren Höhen sich bis in endlose Weiten hinaus graue, tief gefurchte Steinplatten ziehen, sodass sie fast wie gepflastert wirken, und die von nicht minder endlosen Steinmauern gerahmt sind. Hier und da liegt ein vereinzeltes Gehöft, eine Klosterruine oder ein verfallenes Kirchlein, und immer wieder ragen verlassene Häuser empor.

„Halt mal an", sage ich zu meinem Mann, als wir wieder einmal an einer solchen Ruine vorbeikommen. Das Haus liegt auf einer Anhöhe und ist überwuchert von Grün, wie ein trotziges Mahnmal ragen die Mauerreste daraus empor und scheinen sich der Rückeroberung durch die

Natur mit aller Kraft zu widersetzen. Ganz, als wollten sie verhindern, dass die Geschichte vergessen wird, die sie erzählen könnten. Wovon mag sie handeln? Ob ich es herausfinden kann?

Unterhalb des Hügels stellen wir das Auto an einer kleinen Flussmündung ab. Eine alte Mauer verläuft neben dem Weg, und dahinter erhebt sich ein knorriger Baum, der über und über mit bunten Stofffetzen behängt ist. Im Gebüsch steht ein graues keltisches Kreuz, daneben ein Stein mit ausgeblichener Inschrift. An welch verwunschenen Ort hat uns der Zufall geführt?

„Tobar Mac Duach", entziffern wir mühsam die Inschrift. Was mag das bedeuten?

Dahinter, so finde ich später heraus, verbirgt sich nichts Geringeres als eine der vielen magischen Geschichten aus dem frühmittelalterlichen Irland. Die Geschichte eines heiligen Mannes namens Tobar Mac Duach, der im sechsten Jahrhundert geboren wurde.

Es heißt, dass die schöne Königin Rhinagh Gemahlin des wilden Häuptlings Duach war. Dieser galt als jähzorniger Mann, der seinen Stamm, welcher im Westen Irlands an der Küste lebte, mit harter Hand führte. Rhinagh fühlte sich einsam und litt unter der kaltblütigen Rohheit ihres Gatten. Deshalb hatte sie sich schon seit langem ein Kind gewünscht, das sie liebhaben könnte, und als sie endlich spürte, dass sie schwanger war, da weinte die Königin vor Glück.

Doch mit der Zeit wurde sie von immer mehr Zweifeln geplagt. Zu viele Säuglinge waren in den letzten Jahren vom bösen Fieber dahingerafft worden, kaum, dass sie das Licht der Welt erblickt hatten. Und war nicht ihre liebste Dienerin erst letzthin im Kindbett gestorben?

So begab sich Rhinagh schließlich zur Zauberin Eithne, um sich von ihr die Zukunft vorhersagen zu lassen. „Sorge dich nicht", sprach Eithne, „du wirst einen gesunden Sohn gebären, und er wird dereinst ein großer Mann sein. Alle anderen aus seinem Geschlecht wird er weit übertreffen, auch Duach, deinen Mann, denn er wird edler, frommer und gerechter sein als dieser."

Da erschrak Rhinagh zutiefst. Denn sie kannte Duach wie niemand sonst, er war rachsüchtig, missgünstig, brutal und gemein. Würde er von der Prophezeiung erfahren, so wäre es um ihren Sohn geschehen. Deshalb schnürte Rhinagh noch in der gleichen Nacht ihr Bündel und ergriff die Flucht. Doch unglücklicherweise bemerkte der Wächter ihr heimliches Davonschleichen und eilte unverzüglich zu Duach. Sofort trommelte der Grausame die Krieger des Stammes zusammen und schickte sie Rhinagh hinterher. „Wer sich mir widersetzt, der soll des Todes sein", brüllte er, „tötet das widerspenstige Weibsbild!"

Schon sehr bald holten seine Männer die hochschwangere Frau ein, packten sie und wickelten ihr einen Strick um den Hals, an dem ein schwerer Stein befestigt war. Dann warfen sie Rhinagh ohne jede Spur von Mitleid in den Fluss Kiltartin.

Doch das Schicksal streckte eine rettende Hand nach der Unglückseligen aus und spülte sie schließlich ans Ufer. Mit letzter Kraft befreite sie sich von dem Strick und schleppte sich ins nahe Gebüsch, denn durch die schreckliche Gewalttat hatten die Wehen eingesetzt. Rhinagh gebar einen Jungen und nannte ihn „Tobar Mac Duach" – „Guter Sohn von Duach".

Sie war eine tiefgläubige Frau, überzeugt davon, dass eine Rettung alleine durch Gott möglich sei. Ihr dringlichstes Bestreben war es daher, dass ihr Kind so schnell wie möglich in den Kreis der Christen aufgenommen werde, damit es an Gottes Segen teilhaben könne. Sie musste also rasch einen Priester finden, um Tobar taufen zu lassen. Doch konnte dies nur im Verborgenen geschehen, um nicht die Aufmerksamkeit ihres mörderischen Ehemannes zu erregen.

Tagelang irrte Rhinagh mit ihrem Kind auf versteckten Pfaden durchs Dickicht, und endlich traf sie auf einen Gottesmann, der bereit gewesen wäre, den Säugling zu taufen. Doch leider gab es kein Wasser weit und breit. Rhinagh war verzweifelt und am Ende ihrer Kräfte, deshalb setzte sie sich unter eine Esche und weinte bitterlich. Schließlich faltete sie die Hände, um eine flehentliche Fürbitte an Gott zu senden. Da tat sich unversehens die Erde auf, und eine klare Quelle sprudelte hervor. Der

Priester fiel auf die Knie und dankte dem Herrn für dieses Wunder. Sogleich taufte er den Knaben, wissend, dass es sich um ein ganz besonderes Kind handeln musste. Er gab ihm den Namen Colman – das bedeutet „Täubchen" – und so benannte er auch das von Gott geschenkte Brünnlein, das bis zum heutigen Tage nicht versiegt sein soll.

Nun schilderte Rhinagh dem Priester ihr schreckliches Schicksal und ihre große Angst um das neugeborene Kind. „Fürchte nicht um den kleinen Colman", entgegnete der Priester mit beschwichtigendem Ton und lächelte sanft. „Überlasse ihn mir. Die Kirche wird dafür Sorge tragen, dass ihm nichts geschieht. Er wird von frommen Mönchen ganz im Sinne Jesu zu einem gottesfürchtigen Mann erzogen werden. Er wird immer wohlbehütet sein, genug zu essen und zu trinken haben, wärmende Kleidung, ein Dach über dem Kopf, und darüber hinaus wird er eine gute und umfassende Ausbildung erhalten!"

Ihrer größten Sorge entledigt übergab Rhinagh daraufhin den Knaben erleichtert in die Obhut des Priesters. Sie begleitete ihn noch für eine Weile, um den Säugling zu stillen, dann verliert sich ihre Spur. Der Priester jedoch überantwortete das Kind Edna of Aran, einem heiligen Mann, der ein Kloster auf Inishmore gegründet hatte, einer der drei größeren Aran-Inseln in der Galway Bay vor Irlands Westküste. Hier wuchs Colman unter den Ordensmännern zu einem sanftmütigen Mönch heran, und als er erwachsen geworden war, nahm auch er einen Schüler als seinen

Zögling auf. Mit diesem begab er sich in die weite Landschaft der Burren auf dem irischen Festland, um die Erleuchtung in noch größerer Einsamkeit zu suchen, als sie das Kloster auf der vom Atlantik umtosten Insel bieten konnte.

Hier lebten die beiden nun in einem Gebüsch nahe der Küste, wo sie neben einer kleinen Quelle ein paar schützende Mauern aufgeschichtet hatten. Sie nährten sich von den mageren Kräutern und Wurzeln, die das karge Land hergab, von Fischen, Muscheln und wildem Geflügel. Doch als nach vielen Monaten in der Wildnis schließlich der Ostersonntag herankam, fühlte Colman die Verzweiflung seines Schülers angesichts dieser ständigen kläglichen Diät. Da setzte er sich unter einen Baum und betete zu Gott. Dieser möge doch, so flehte er, seinen treuen Dienern wenigstens an diesem einen heiligen Feiertag eine angemessene Mahlzeit schenken!

Wie der Zufall es wollte, saß zur gleichen Zeit der König Guaire im nahen Dún Guaire Castle beim österlichen Festbankett. Der staunte nicht schlecht, als sich plötzlich die gefüllten Teller und Schüsseln zu bewegen begannen! Sie hoben sich von der Tafel und schwebten wie von Geisterhand getragen hinaus aus der Burg und nordwärts die Küste entlang. Der König und sein Gefolge wollten diesem merkwürdigen Geschehnis natürlich auf den Grund gehen und folgten den sachte dahingleitenden Speisen. Diese führten sie schnurstracks zu den beiden Einsiedlern an ihrer kleinen Quelle.

König Guaire war ein kluger und großzügiger Mann. Er erkannte sogleich die außerordentliche Heiligkeit Colmans, in der allein die Ursache des geschauten Wunders liegen konnte. So forderte er Colman dazu auf, sich ein Stück Land aus seinem Besitz auszusuchen und darauf ein Kloster zu errichten. Der brave Colman bat Gott um ein Zeichen, mit dem er ihm den rechten Platz zuweisen solle. Lange zog er durch die Wälder, welche die Burren in jener Zeit noch bedeckten, bis sich unvermittelt sein Zingulum – der Strick, mit dem er seine Kutte schnürte – löste und zu Boden fiel. Dies nahm Colman als göttliches Zeichen und gründete an jenem Ort das Kloster Kilmacduagh, abgeleitet von seinem eigenen Namen „Tobar Mac Duach" und dem altgälischen Wort „cill" für „kleine Kirche".

Zahlreiche weitere Geschichten sind von St. Colman überliefert, der seinen Konvent viele Jahrzehnte hindurch mit Weisheit und Güte leitete. Er galt als äußerst tierlieber Mensch, und es heißt, dass er allein durch seine Freundlichkeit drei Kreaturen zähmte, die ihm fortan zu Diensten standen. Eine davon war ein wilder Hahn, der ihn jeden Morgen mit seinem Krähen pünktlich zum Gebet aufweckte. Doch auch um Mitternacht und um drei Uhr früh musste Colman sich zum Gebet erheben. In diesen nächtlichen Stunden zu krähen, war jedoch eine Aufgabe, die der Hahn nicht erfüllen konnte. Da zähmte Colman eine Maus, die ihn von nun an pünktlich zur rechten Zeit ins Ohrläppchen biss und damit weckte. Bei seinem dritten tierischen Helfer handelte es sich um eine Fliege, die ihm im Lesesaal behilflich war. Wann immer Colman seine Lektüre unterbrechen musste, setzte sie sich just an die Stelle, an der er zu lesen aufgehört hatte, und markierte sie zuverlässig bis zu Colmans Wiederkehr.

Doch leider haben solche Tiere nur eine kurze Lebenspanne. Als der Sommer zu Ende ging, starb zuerst die Fliege. Bald darauf folgte ihr die Maus, und im Frühjahr verschied der wilde Hahn. Colman war zutiefst niedergeschlagen. Trost suchend schrieb er an seinen Freund, Columban von Iona, der in jener Zeit als christlicher Missionar durch Schottland zog. „Als du sie hattest, warst du zu reich. Deshalb bist du jetzt traurig. Solche Sorgen entstehen nur, wo Reichtum ist. Sei nicht mehr reich!“, lautete Columbans Antwort. Und so verzichtete Colman für den Rest seiner Tage auf jeglichen Besitz. Er starb am 29. Oktober 632 mit 72 Jahren, womit er ein für diese Epoche sehr beachtliches Alter erreicht hatte.

Das ist die Geschichte des gottgefälligen Colman, genannt Tobar Mac Duach. Das Kreuz am Wegesrand markiert die Stelle, an der er und sein Schüler einst als Einsiedler lebten, bis König Guaire sie dort fand. Der Weg, den die königlichen Speisen auf so mysteriöse Weise vom Dún Guaire Castle bis hierher genommen hatten, heißt „Bothar na Mias“ – „Weg des Geschirrs“.

Aus der alten Festung des Königs Guaire ist im sechzehnten Jahrhundert ein Tower House entstanden, das sich noch heute über der Hafenbucht des hübschen Städtchens Kinvara erhebt. Das nahe Kloster Kilmacduagh existierte noch viele Jahrhunderte lang und war zeitweise sogar Bischofssitz. Im elften Jahrhundert erhielt es eine steinerne Kathedrale, im zwölften Jahrhundert kam ein dreißig Meter hoher Rundturm hinzu. Kurioserweise steht er schief, im oberen Bereich weist er eine sechzig Zentimeter große Abweichung von der senkrechten Linie auf. Er gehört zu den besterhaltenen Rundtürmen in ganz Irland, doch der Rest des Klosters liegt in Ruinen, wie so viele Klöster auf der Insel.

Tobar Mac Duach ist unvergessen. Es scheint fast, als wirke seine Wundertätigkeit bis zum heutigen Tage nach. Denn über der Quelle an der Einsiedelei bei Kinvara, wo er selbst einst unter einem Baum saß und betete, wölbt sich ein „Wish Tree“, ein Wunschbaum. Schon seit keltischer Zeit gibt es solche Bäume in Irland. Die Menschen glauben daran, dass sie ihre Wünsche mithilfe eines Stoffstreifens oder Lappens auf den Baum übertragen können, und dass die Wünsche dadurch in Erfüllung gehen werden. Und deshalb hängt dieser Baum voller bunter Stofffetzen.

Von diesem verzauberten Ort klettern wir hinauf zu dem verlassenen Haus, dessen Anblick es war, der uns zum Anhalten veranlasste. Einsam steht es auf seinem Hügel und schaut hinaus auf die Bucht von Kinvara. In einiger Entfernung unterbricht eine Kuh ihr friedliches Grasen und blickt erstaunt zu uns hinüber. Es scheint, dass nicht viele

Menschen zu diesem verfallenen Gehöft kommen. Warum nur stehen so viele Häuser in der irischen Landschaft verwaist und leer, ausgesetzt dem unerbittlichen Verfall?

IRISH COCKLE SOUP – IRISCHE HERZMUSCHELSUPPE

Zutaten für 4 Personen: *40 Herzmuscheln, 1 kl. Zwiebel, 30 g Butter, 600 ml Milch, 150 ml Sahne, ¼ Sellerieknolle, 1 kl. Bd. Blattpetersilie, 15 g getrocknete Rotalgen, 2 El Mehl, Pfeffer, Salz*

Zubereitung: *Die Rotalgen 10 Minuten lang in kaltem Wasser einweichen, dann abtropfen und kleinschneiden. Die Zwiebel schälen und fein hacken, den Sellerie putzen und fein würfeln. Petersilienblättchen abzupfen und fein hacken.*

Die Muscheln unter fließendem Wasser gründlich bürsten, geöffnete Muscheln aussortieren. Zusammen mit 600 ml Wasser in einen Topf geben, aufkochen und 5 Minuten lang dünsten, bis sich die Muscheln geöffnet haben. Dann die Muscheln aus dem Topf nehmen und abkühlen lassen, Muscheln, die sich nicht öffnen, entfernen. Das Muschelwasser erneut aufkochen und zur Hälfte einreduzieren. Das abgekühlte Muschelfleisch aus den Schalen lösen.

Nun in einem Topf die Butter zerlassen, Zwiebeln und Sellerie hinzugeben und 5 Minuten lang bei milder Hitze dünsten, aber nicht bräunen. Im Anschluss das Mehl darüberstäuben, danach Rotalgen, Muschelwasser und Milch hinzugeben. Unter Rühren aufkochen, dann die Hitze reduzieren und die Sahne hinzugießen. Mit Salz und Pfeffer würzen und 15 Minuten lang bei schwacher Hitze köcheln lassen. Nun die Petersilie und das Muschelfleisch unterrühren, 3 Minuten lang erwärmen und gleich danach servieren.

Dazu passt Brown Bread.

Jahre des Elends – the Great Famine

Nachdenklich tunkte Kilian ein trockenes Stück Brown Bread in seine Suppe. Es war nur eine dünne Brühe, in der ein paar Möhrenstückchen, etwas Sellerie und der Teil eines Kohlstrunks herumschwammen. Das Brot war altbacken und schmeckte fad, doch Kilian kaute es mit Bedacht, ließ es im Gaumen hin- und hergleiten und schloss die Augen, als er den Bissen schließlich schluckte. Es war, als koste er wie ein Feinschmecker hingebungsvoll einen himmlischen Genuss aus. Erst nach einer Weile öffnete er die Augen wieder, brach ein weiteres Stückchen von seinem Brot ab und begann die Prozedur von Neuem.

Wie es weitergehen würde, wusste Kilian nicht. Doch es schien, als habe er das größte Elend überstanden, nun, da er im Kilmainham Goal saß, dem düsteren Gefängnis von Dublin.

Seine Zelle war feucht, kalt und finster, zudem teilte er den engen Raum mit drei anderen ausgemergelten Gestalten. Sie waren junge Männer wie er selbst, zu entkräftet und zu entmutigt, um gegeneinander aufzubegehren oder sich das karge Essen streitig zu machen. Jeder hockte in seiner Ecke, stumm und schicksalsergeben. Kilian hatte nicht gefragt, welche Straftaten die anderen in dieses Gemäuer gebracht hatten. Es spielte keine Rolle.

Er selbst war in die Vorratskammer eines vornehmen Stadthauses eingebrochen. Kaum packte er dort einen Laib helles Brot, da wurde er auch schon erwischt. Die Dienerschaft des Hauses bewachte die Kammer aufmerksam, und Kilian war nicht so dumm gewesen, zu glauben, dass er mit seinem Diebesgut hätte davonkommen können. Unter Beschimpfungen zerrte man ihn aufs Polizeirevier, und ohne ihm viele Fragen zu stellen, sperrten ihn die Polizisten in einen vergitterten Wagen und brachten ihn zusammen mit anderen Delinquenten zum Kilmainham Goal. Doch Kilian haderte nicht mit diesem Schicksal. Denn er hatte es mit Absicht herbeigeführt.

In Irland herrschte eine schreckliche Hungersnot. Allerorts verfielen die Menschen zusehends, sie wurden immer weniger und schrumpften, bis sie nichts als von elendem Leder überzogene Knochen waren. Rings um ihn her hatte Kilian Menschen sterben sehen, und in seiner Not war der Bauernbursche schließlich mit letzter Kraft aus seiner armseligen Heimat Connacht im Westen von Irland nach Dublin gekommen. Die Stadt, so hoffte er, würde ihm vielleicht Rettung bringen.

Zuerst war hier auch tatsächlich manchmal noch braunes Brot an die Verzweifelten verteilt worden, doch langsam gingen die Getreidevorräte zur Neige, und am Ende hatte niemand mehr etwas zu verschenken. Überall hockten knochige Gestalten an den Häuserwänden und streckten ihre dünnen Arme den Vorbeikommenden entgegen, Männer und Frauen mit grauen, eingefallenen Gesichtern, Kinder mit vom Hunger aufgeblähten Bäuchen und hohlen Wangen, die ihn mit großen, leeren Augen anklagend anstarrten.

Als Kilian fühlte, dass auch seine Kräfte immer mehr schwanden, beging er in seiner Verzweiflung eine Straftat. Und zwar in der vollen Absicht, dabei ertappt zu werden. Er wollte eingekerkert werden, denn das Gefängnis war der einzige Ort, an dem man noch etwas zu essen bekam. Und wenn es auch nur dünne Suppe und trockenes Brot gab.

Schon seit 1541 wurde Kilians Heimat vollständig von den Engländern beherrscht. Sie hatten den Boden Irlands unter sich aufgeteilt, und die englischen Großgrundbesitzer verpachteten ihr Land parzellenweise an die einheimischen Bauern. Drei Viertel der Iren lebten von der Landwirtschaft, weil es kaum andere Erwerbsmöglichkeiten auf der Insel gab.

Diese Bauern fristeten ihr Dasein in großer Armut, denn ihre Landstücke waren meist so klein, dass man darauf nur mit Mühe die nötige Nahrung für eine Familie erwirtschaften konnte. Zunächst mussten die Bauern nämlich die Pachtgebühr entrichten, wofür sie die wertvolleren Produkte wie Getreide und Vieh hergaben. Dass die Familien sich selbst dann noch hinlänglich ernähren konnten und die größte Not gelindert wurde, verdankten sie der Kartoffel. Als die gehaltvolle Knolle ihren Weg von Amerika auf die Insel gefunden hatte, brauchte niemand mehr zu hungern. Schon ein kleiner Kartoffelgarten brachte genug Ertrag, um eine ganze Familie zu sättigen.

Doch im Jahr 1845 kam noch etwas anderes aus Amerika nach Irland. Es war so klein, dass es zunächst niemand bemerkte, doch es zog fürchterliche Folgen nach sich. Denn es handelte sich um Pilzsporen, die zunächst das Kartoffelkraut befielen und es verfaulen ließen. Der Regen spülte den Pilz von den Blättern in den Boden, und hier setzte er sein Zerstörungswerk fort. Er machte nämlich auch vor den Knollen nicht Halt, sie verfaulten in der Erde, ohne überhaupt heranreifen zu können.

Schon im Jahr 1816 hatte es eine Missernte gegeben. Im Jahr zuvor war der Vulkan Tambora im fernen Indonesien ausgebrochen, seine Asche verdunkelte die Atmosphäre und verursachte so das „Jahr ohne Sommer". In ganz Europa hatte es Ernteausfälle und Hungersnöte gegeben, doch konnte sich die Landwirtschaft in den darauffolgenden Jahren schnell wieder erholen.

Als 1845 die ersten Kartoffelpflanzen braune Blätter bekamen, da hofften die Bauern noch, es handle sich nur um einen teilweisen Ernteausfall wie in jenem finsteren Jahr. Doch im Herbst zeigte es sich, dass fast die gesamte Kartoffelernte vernichtet war.

Die englischen Herren zuckten mit den Achseln. Irgendwie würde sich das Ganze schon wieder richten, so dachten sie, und forderten unbeeindruckt die Abgabe von Getreide und Vieh. Die Erträge wurden nach England gebracht und dort verkauft, denn die irischen Bauern hatten kein Geld, um sich Mehl oder gar Fleisch leisten zu können. Sie blieben ohne Nahrung zurück.

Von Seiten der Regierung sah man keine Veranlassung zum Einschreiten. Es war eine Epoche, in der man eine Politik der Nichteinmischung betrieb, man dachte, die Wirtschaft werde sich am besten entwickeln, wenn der Staat sich vollständig heraushalte. Aber auch andere Gründe spielten eine Rolle. Die Iren galten als renitente und widerspenstige Untertanen. Ein bisschen Not konnte da vielleicht nicht schaden, um sie im Zaum zu halten. Außerdem hatte sich die Bevölkerung Irlands dank der erfolgreichen Einführung der Kartoffel in den letzten vierzig Jahren schlagartig verdoppelt. Acht Millionen Iren lebten jetzt auf der Insel, das waren doch viel zu viele! Ein bisschen Hunger, so dachten die Machthaber in gnadenloser Skrupellosigkeit, könne durchaus hilfreich sein, um die Bevölkerung wieder auf eine angemessene Zahl zu dezimieren. Und so ließen sie zu, dass das gesamte Getreide, mit dem man die Hungersnot leicht hätte verhindern können, den irischen Boden in Richtung England verließ.

In ihrer Verzweiflung kehrten viele Iren ihrer Heimat den Rücken und versuchten ihr Glück anderenorts. Sie hatten von den aufstrebenden englischen Städten gehört, in denen die industrielle Revolution ausgebrochen war und einen Riesenbedarf an Arbeitskräften mit sich brachte. Etliche andere wiederum zog es nach Übersee, wo die aufblühenden neuen Nationen jedermann eine Chance versprachen, ungeachtet seiner Herkunft und seiner finanziellen Situation. Man musste nur fleißig und arbeitswillig sein, dann konnte man alles erreichen! Und alles war besser, als elendiglich zu verhungern.

Deshalb nahmen die Auswanderer auch die katastrophalen Zustände auf den Schiffen in Kauf. „Coffin ships" – „Sargschiffe" nannte man diese Seelenverkäufer, auf deren schmuddeligen Decks die Menschen wie Vieh zusammengepfercht wurden. Kaum Nahrung, verschmutztes Wasser und unhaltbare hygienische Zustände machten die Überfahrt zu einem Vabanquespiel, bei dem niemand wusste, wer das Ziel am Ende lebend und ohne Seuchenerkrankung erreichte. Und keineswegs wurden die Auswanderer wie gehofft in Amerika mit offenen Armen empfangen. Zu groß war die Angst, dass durch die armen Teufel Seuchen eingeschleppt werden könnten, deshalb verweigerte man so manchem Schiff die sichere Einfahrt in den Hafen. Rund zwei Millionen Iren verließen ihre Heimat in jenen bitteren Jahren, wie viele davon tatsächlich überlebt haben, ist nicht bekannt. Und wer es schließlich geschafft hatte, der fand sich in der neuen Heimat auf der untersten Sprosse der gesellschaftlichen Hierarchie wieder. Irische Einwanderer galten als Underdogs, für sie blieben die schwersten und schlechtbezahltesten Arbeiten.

Doch den Daheimgebliebenen erging es keineswegs besser. Wer den ersten Hungerwinter überlebt und darauf gesetzt hatte, dass die Missernte von 1845 ein einmaliger Zwischenfall gewesen sein mochte, der wurde bitter enttäuscht. Denn auch in den Folgejahren bis 1852 verfaulten die Kartoffeln auf den Äckern. Mindestens eine Million Menschen starben des Hungers.

Nach dieser schrecklichen Katastrophe erholte sich das Land nur sehr langsam. Fast alle Familien waren durch ihre Verluste traumatisiert. Häuser blieben leer und verwaist zurück, weil ihre Besitzer gestorben oder ausgewandert waren. Andere hatte man von ihrem Land vertrieben, weil sie die Pacht nicht mehr zahlen konnten. Mit erbarmungsloser Härte verjagten die Landherren säumige Pächter und zerstörten deren Häuser, damit sie nicht mehr zurückkehren konnten. Daran sowie an der zweiten großen Auswanderungswelle Mitte des letzten Jahrhunderts, als weitere 800.000 Iren ihre Heimat auf Arbeitssuche verließen, liegt es, dass es in Irland so viele verlassene Häuser gibt.

Nach „The Great Famine“, der Hungersnot zwischen 1845 und 1852, fehlte der Bevölkerung die Kraft, sich gegen das Unrecht zu wehren, das ihnen die englischen Besatzer angetan hatten. Niemand wagte es, sich gegen deren Herrschaft aufzulehnen.

Erst ganz allmählich begann sich der Widerstand zu formieren. Dazu trugen auch irische Auswanderer bei, die es schließlich doch noch geschafft hatten und durch gesellschaftlichen Aufstieg zu Geld gekommen waren. Niemals aber hatten sie die verheerenden Umstände ihrer Emigration vergessen. Sie unterstützten die aufkeimende Widerstandsbewegung in der alten Heimat, wo sich immer mehr Pächter zusammenschlossen und gegen die englischen Landlords aufbegehrten, die für die bittere Armut verantwortlich waren. Als es 1879 zu einer erneuten Kartoffelmissernte kam, formierte sich die National Land League, die so lange kämpfte, bis Grund und Boden 1903 endlich wieder ins Eigentum der irischen Bauern übergingen. Doch die Proteste gegen England hielten an, sodass es 1921 zur Unabhängigkeit des größten Teils der Insel, zur Erklärung des Freistaats Irland im Jahr 1922 und schließlich zur Gründung der Republik Irland im Jahr 1949 kam.

Doch kehren wir zurück zu Kilian in seiner Gefängniszelle im Kilmainham Goal. Hier lebte es sich zwar nicht gerade angenehm, aber es erging den Gefangenen doch deutlich besser als dem hungernden Volk draußen in Freiheit. Denn immerhin gab es etwas zu essen, und wenn es auch bloß spärliche Kost war. Viele Iren begingen in jenen bitteren Jahren Straftaten mit dem einzigen Hintergedanken, dafür ins Gefängnis gesperrt zu werden und endlich versorgt zu sein.

Deshalb füllten sich die Mauern des Kilmainham Goal immer weiter. Nahrung war auch hier knapp, und es konnte doch nicht die Aufgabe der Gefängnisverwaltung sein, Irlands hungrige Mäuler zu stopfen!

So öffnete sich eines Tages die Tür zu Kilians Zelle. Er und seine Zellengenossen wurden aufgefordert, herauszukommen. Man brachte sie auf ein Schiff. Auch darauf herrschten nicht gerade behagliche Zustände, doch waren die Männer einigermaßen anständig untergebracht und bekamen genug Wasser und Brot.

Man brachte sie zu einer Sträflingskolonie im fernen Australien. Dort waren sie zwar keine freien Männer, aber es gab genug Nahrung. Und die fremdartigen Früchte dieses Landes schmeckten gar nicht so übel.

Kilian blinzelte in die gleißende Sonne Australiens, deren Strahlen durch die silbrig-grünen Blätter eines riesigen Eukalyptusbaums fielen. Vielleicht hatte er es am Ende gar nicht so schlecht getroffen!

Griddled Potatoe Pancakes – Kartoffelpfannkuchen

Zutaten für 4 Personen: *500 g Kartoffeln (mehlig kochend), 250 ml Buttermilch, 200 g Weizenvollkornmehl, 2 Eier, 1 Tl Natron, Butterschmalz, Pfeffer, Salz*

Zubereitung: *Die Kartoffeln schälen, die Hälfte davon garen, anschließend abgießen und stampfen. Die andere Hälfte grob reiben, in einem Tuch ausdrücken und dann unter die gestampften Kartoffeln mengen. Buttermilch, Eier, Mehl und Natron untermischen, salzen und pfeffern. In einer Pfanne etwas Butterschmalz auslassen, jeweils 2 Esslöffel der Masse in Form eines runden Plätzchens hineingeben und bei mittlerer Hitze auf beiden Seiten ca. 4 Minuten lang goldbraun ausbacken.*

Mit Apfelkompott, Sirup und/oder Bacon servieren.

Mary-Ann auf der Brücke – der Weg nach Carrick-a-Rede

Mary-Ann sah nach unten. In kleinen Wellen klatschte die Brandung gegen die Felsen, doch was ihr eben noch wie ein sanftes Plätschern erschienen war, wirkte mit einem Mal wie das Toben wilder Sturmwogen. Der Steg schwankte. Verzweifelt umklammerte Mary-Ann das Seil, das als Handlauf rechts neben ihr verlief.

„Nun komm schon, hab keine Angst!“, rief Robert. Mary sah auf. Ihr Mann hatte das Ende der Hängebrücke bereits erreicht und stand auf festem Boden. Besorgt blickte er hinüber zu seiner jungen Frau. „Geh weiter, Mary-Ann, Schritt für Schritt! Gleich hast du es geschafft!“

Vorsichtig tastend setzte Mary-Ann einen Fuß nach vorne, wo der nächste Holztritt ein gutes Stück weit entfernt vor ihr lag. Wieder schwankte die ganze Brückenkonstruktion. Mary-Ann blickte über die Schulter nach hinten. Das andere Ende der Hängebrücke lag schon ziemlich weit entfernt, umkehren war keine Option. Mary-Ann kämpfte mit den Tränen. Dann fasste sie sich ein Herz und verlagerte ihr Gewicht behutsam auf den nächsten Holztritt. Doch beinahe wäre sie dabei abgerutscht, denn das Holz war feucht und glitschig. Mary-Ann schrie auf. Im gleichen Moment fühlte sie, wie Robert ihre freie Hand ergriff. Er war ihr entgegengekommen und half ihr nun über die letzten beiden Holztritte hinweg.

Als sie die kleine Insel endlich erreicht hatten, sank Mary-Ann erschöpft zu Boden und ließ ihren Tränen freien Lauf. „Niemals“, stieß sie schluchzend hervor, „niemals gehe ich darüber zurück!“ Robert, der sich neben seine Frau gesetzt und beschwichtigend den Arm um ihre Schultern gelegt hatte, schüttelte den Kopf. Was sollte er tun? Wie konnte er seine Frau zurück aufs Festland bringen? Was für eine dumme Idee es doch gewesen war, über die Hängebrücke zu der kleinen Insel hinüberzugehen. Welcher Teufel hatte ihn bloß geritten, als er diesen Vorschlag machte?

Schon seit mehr als zwei Jahrhunderten führte damals eine Hängebrücke auf die kleine Insel Carrick-a-Rede vor der nördlichen Küste von Nordirland. Und bereits mehr als hundert Jahre zuvor hatten die Fischer der Gegend diese Insel als üppigen Fischgrund für sich entdeckt.

„Carrick-a-Rede“ hieß in ihrer Sprache nichts anderes als „Fels im Weg“. Und die kleine Insel war der Fels im Weg der Lachse. Auf ihrer alljährlichen Wanderung zu den Laichplätzen mussten die Fische ausweichen und Carrick-a-Rede umschwimmen, deshalb konnte man sie vom Ufer des Inselchens aus ganz einfach mit Netzen abfangen. Das versprach nicht nur leichte, sondern vor allem auch reichliche Beute. An manchen guten Tagen gingen den Fischern in den Sommermonaten auf diese Art dreihundert Lachse ins Netz.

Doch es gab ein Problem. Die Brandung zwischen Insel und Festland war gefährlich, und wenn der Wind auch nur etwas stärker wehte, konnten die Männer nicht hinausfahren. Denn überall gab es scharfkantige Felsen, zu groß war das Risiko, dass die Boote von Wind und Wellen dagegengeschleudert würden und zerschellten. Und so spannten die Fischer schließlich ab 1755 während der Wochen zwischen Juni und August eine einfache Hängebrücke zwischen Festland und Insel. Es gab nur wenige Holztritte, die einigen Abstand zueinander hatten, und nur ein einziges Seil diente als Handlauf. Doch das war kein Problem. Die Fischer waren harte und schwindelfreie Kerle, sie kannten keine Furcht, und niemals kam es zu einem Unfall. Wenn Ende August die Zeit der Lachswanderungen vorüber war, holten sie die Brücke wieder ein und lagerten sie bis zur nächsten Saison.

Die Hängebrücke tat gute Dienste, die Fischerei an der Küste von Carrick-a-Rede blühte auf. Zahlreiche Männer fanden hier Arbeit, ob als Fischer oder als Träger. Denn die reiche Beute musste ja abtransportiert werden, und so herrschte an ertragreichen Tagen eine rege Betriebsamkeit auf der wackeligen Hängebrücke.

Dann, seit der zweiten Hälfte des letzten Jahrhunderts, kamen immer öfter Touristen in die Gegend. Sie hörten im Wirtshaus von der abgelegenen Insel vor der dramatisch schönen Küste und wollten mit eigenen Augen sehen, wie die Fischer dort arbeiteten und über die schwankende Hängebrücke eilten. Ein schöner Spaziergang führt von der Küstenstraße über einen Pfad hinaus zu Carrick-a-Rede, allein dieser Fußmarsch ist schon ein Erlebnis. Denn die Ausblicke auf die Steilküste, auf das vorgelagerte Rathlin Island und die schottische Halbinsel Mull of Kintyre in der Ferne sind hinreißend und betörend schön.

Endlich erreichten die Wanderer dann die Stelle, von der aus die Hängebrücke hinüber zur Insel führt. Vielleicht setzten sie sich ins Gras und sahen den Fischern für eine Weile bei ihrer Arbeit zu. Zu manchen Zeiten, an den Sonntagen zum Beispiel, waren die Fischer aber nicht dort. Da packte manch einen der Übermut, und er wagte selbst den Weg hinüber nach Carrick-a-Rede.

Auch Robert hatte seine Frau Mary-Ann dazu überredet. Es war nicht nur reine Abenteuerlust, die ihn trieb. Auf der Insel brüteten allerhand Vögel, und Robert, der sich für Ornithologie interessierte, hoffte darauf, die Nester aus der Nähe betrachten zu können. Da gab es Sturmvögel und Lummen, Eiderenten und kleine Möwen, die Kittiwakes. Würde er auch Papageientaucher zu Gesicht bekommen?

Stattdessen saß er nun hier und versuchte, Mary-Ann zu beruhigen. Er redete mit Engelszungen, doch sie wehrte nur immer wieder heftig aufschluchzend ab. Um keinen Preis würde sie den Rückweg über die Hängebrücke wagen!

Schließlich fasste sich Robert ein Herz und ging alleine zurück. Er marschierte bis ins Dorf, wo er auf einen

Fischer traf. Kopfschüttelnd hörte der Mann sich Roberts Geschichte an. Er schimpfte und knurrte, solche Dummheit müsse bestraft werden, doch am Ende ließ er sich gegen ein ordentliches Trinkgeld davon überzeugen, dass er Mary-Ann aus ihrer misslichen Lage befreien müsse. Er und Robert fuhren mit dem Boot hinaus und lasen die Unglückliche auf.

Mit den Jahren geschah es immer öfter, dass Fischer allzu wagemutige Touristen abholen musste, die sich nicht mehr zurück über die Brücke trauten. So rafften sie sich schließlich in den Siebzigerjahren dazu auf, eine stabilere Brücke mit beidseitigen Handläufen zu bauen. Außerdem brachten sie an den Seiten Netze an, die vor einem Absturz in den dreißig Meter tiefen Abgrund schützen sollten.

Damit machten sie einen guten Fang, denn die Hängebrücke zog immer mehr Reisende in die verlassene Gegend. Weniger gut lief es mit dem Fischfang: Überfischung und Verschmutzung der Flüsse, die den Lachsen als Laichplätze dienten, führten seit den Siebzigerjahren zu einem massiven Rückgang der Lachsschwärme. Immer mehr Fischer gaben auf, die letzten Lachse wurden im Jahr 2002 gefangen.

Doch eigentlich war das halb so schlimm. Denn die Fischer sattelten kurzerhand um und verdienten nun mit der wachsenden Zahl der Touristen gutes Geld. Der National Trust nahm sich der Sache an und ersetzte die Brücke der Fischer im Jahr 2008 durch eine solide Hängebrücke aus Stahlseilen und stabilem Douglasienholz. Mit einer Länge von zwanzig Metern führt sie hinüber auf die Insel, und Angestellte des National Trust tragen dafür Sorge, dass die Touristenströme beim Überqueren in geordnete Bahnen geleitet werden. Das tut auch not, denn an Sommertagen herrscht hier mitunter ein ganz schönes Gedränge.

Während ich auf die Freigabe meiner Passage hinüber nach Carrick-a-Rede warte, beobachte ich die Reisegruppe in quietschbunten Windjacken, die sich gerade auf dem Rückweg über die Brücke befindet. Manche halten ängstlich die beiden Handläufe umklammert und balancieren Schritt für Schritt nach vorne, andere lachen und scherzen oder bleiben mitten auf der Brücke stehen und halten alle anderen auf, um ein spannendes Selfie in Szene zu setzen. Na, denke ich mir, so schlimm kann das Ganze ja wohl nicht sein. Zumal von meinem Platz aus betrachtet die Brücke so kurz, der Abgrund so lächerlich wirkt.

Doch als ich dann selbst auf der Brücke bin, sieht die Sache schon ganz anders aus. Denn die rhythmischen Schritte der Brückenpassanten setzen die ganze Konstruktion in schwindelerregende Schwingungen. Wie lang zwanzig Meter doch werden können! Dann blicke ich nach unten. Dreißig Meter, das ist ganz schön tief. Und es ist, als ob die ehemals sanften Wellen jetzt plötzlich als wilde Brandung gegen die Felsen tosen. Mit einem Mal kann ich Mary-Ann gut verstehen!

Lemon Tart - Zitronentorte

Zutaten: *300 g Vollkornweizenmehl, 100 g brauner Zucker, 80 g weißer Zucker, 100 ml Milch, 2 unbehandelte Zitronen, 100 g Butter (zimmerwarm), 2 Eier, 20 g Natron, Butter zum Einfetten der Form*

Zubereitung: *Die Zitronen waschen und den äußersten gelben Anteil der Schalen abreiben. Anschließend die Zitronen auspressen. Den weißen Zucker in den Saft einrühren und den Saft eine Stunde lang an einen warmen Ort stellen.*

Die Butter mit dem braunen Zucker in eine Schüssel geben und schaumig aufschlagen. Dann die Eier hinzugeben und erneut aufschlagen, anschließend das Mehl hineinsieben und unterrühren. Nun noch die Milch, das Natron und die Zitronenschale einrühren.

Eine Springform mit Butter einfetten und den Teig hineinfüllen. Den Backofen auf 180°C vorheizen und den Kuchen für ca. 40 Minuten hineinstellen. Er ist fertig, wenn an einem hineingestochenen Holzstäbchen kein Teig mehr klebenbleibt. Die Springform aus dem Ofen nehmen und den Kuchen an der Oberseite mehrfach mit einem Holzstäbchen einstechen. Den Zitronensaft noch einmal gut umrühren und dann über dem Kuchen verteilen. 30 Minuten lang ziehen lassen, dann den Kuchen aus der Springform nehmen und servieren oder mit Alufolie abgedeckt bis zum Verzehr aufbewahren.

Irish Coffee

Zutaten pro Glas: *4 cl Whiskey, 1 Tl brauner Zucker, 2 El dickflüssig aufgeschlagene, mit etwas Vanillezucker gesüßte Sahne, heißer, starker Kaffee zum Auffüllen*

Zubereitung: *Whiskey und Zucker in einem vorgewärmten hitzebeständigen Glas miteinander verrühren. Mit Kaffee auffüllen und anschließend die Sahne langsam über einen umgedrehten Teelöffel auf die Oberfläche gleiten lassen.*

Wie man Dunkelheit in Licht verwandelt – das Buch der Engel

Hastig verbirgt Connachtach etwas unter seiner Kutte und blickt noch einmal kurz über seine Schulter. Niemand ist zu sehen, aber ganz in der Nähe erschallen furchtbare Schreie der Verzweiflung. Es sind seine Glaubensbrüder, doch er kann ihnen nicht helfen. Er ist nur ein friedlicher Diener Gottes, den wütenden Berserkern, die sein Kloster in diesen frühen Morgenstunden überfallen, hat er nichts entgegenzusetzen. Deshalb zögert er nicht länger, mit großen Sätzen prescht er ins schützende Gebüsch und von dort weiter in Richtung Küste. Hier, in einer verborgenen Bucht, liegt ein kleines Boot versteckt. Vielleicht achtzehn oder zwanzig seiner Ordensbrüder haben es schon erreicht, sie strecken Connachtach die Hände entgegen und helfen ihm in die hölzerne Nussschale, die bedenklich unter der Last der Männer schwankt. Schon stößt einer mit dem Ruder vom Ufer ab, schon beginnt der Kahn aufs Meer hinauszutreiben, legen sich die Ruderer in die Riemen, hissen andere eilig das Segel. An Land lodern Flammen hinter den Büschen auf, dort, wo sich die klösterliche Heimstatt befindet. Nichts wie weg von diesem Ort des Grauens!

Erst eine ganze Weile später, längst schaukelt das Bötchen auf den Weiten der Irischen See, holt Connachtach den Gegenstand unter seiner Kutte hervor, den er bei seiner Flucht dort verborgen hatte. Es ist ein Buch, der unscheinbare Ledereinband verbirgt 370 Folioblätter aus feinstem Vellum, einem dünnen und weichen Kalbsleder. Dieses Buch ist der größte Schatz des Klosters. Erleichterung huscht über die verängstigten Gesichtszüge der anderen. Wenigstens ihr heiliges Buch konnte Connachtach retten!

Wir schreiben das Jahr 806. Wilde Piraten übernehmen in dieser Zeit die Herrschaft über die Nordmeere und verbreiten Angst und Schrecken. Es sind die Wikinger, sie überfallen die Küstenbewohner immer öfter jählings mit ihren brutalen Raubzügen. Sie plündern und morden ohne Rücksicht auf den Stand ihrer Opfer. Und so machen sie nun auch das Kloster auf der schottischen Insel Iona dem Erdboden gleich, das dreihundert Jahre zuvor der heilige Columban gegründet hatte, ein frommer Missionar aus Irland. Das Heil der Lehre Christi wollte er von hier aus verbreiten lassen, doch den Wikingern ist das einerlei. Ganze 68 Klosterbrüder finden an diesem frühen Morgen auf der Insel Iona den Tod. Nur einer Handvoll Mönche gelingt die Flucht.

Sie erreichen schließlich die irische Küste, und dort beschließen sie, sich zur Kells Abbey durchzuschlagen. Denn auch diese Abtei ist einst von ihrem Gründervater Columban ins Leben gerufen worden. Sie liegt im Osten der Insel, rund vierzig Kilometer im Landesinneren und damit vielleicht besser geschützt vor den Angriffen der fürchterlichen Wikinger. Zu dieser Zeit ist Kells Abbey längst aufgegeben worden und liegt verlassen, doch die von Iona geflohenen Mönche werden die Abtei mit neuem Leben erfüllen. Und hier werden sie ihr Hauptwerk vollenden: das kostbare Buch, das ihr Bruder Connachtach gerettet hat. Kells Abbey wird ihm seinen Namen geben, es ist das „Book of Kells".

Hierin entdecke man Feinheiten, so zierlich und zart, verschlungen und zusammengerankt, und doch so frisch in der Färbung, dass es einzig das Werk von Engeln sein könne, so sollte der Kirchenmann Gerald von Wales im zwölften Jahrhundert bei der Betrachtung dieses Buches erstaunt ausrufen.

Und wirklich: Die detaillierten Zeichnungen, die kunstvoll angelegte Schrift, die überreichen Verzierungen und die Strahlkraft der Farben ziehen den Betrachter des Book of Kells noch heute in ihren Bann. Zum Teil sind die Illustrationen so filigran, dass man sie nur mithilfe einer Lupe genau erkennt. Das zarte Kalbsleder hat die mit viel Fachkenntnis zusammengemischen Farben so vollständig aufgenommen, dass sie auch nach zwölf Jahrhunderten kaum verblasst sind. Die Künstler verwendeten Kupferpigmente, um Grün zu erhalten, Pflanzenextrakte für Purpur, Rot und Pink, das Mineral Arsenblende anstelle von Gold und Lapislazulipulver zur Erzielung von strahlendem Blau. Das ist umso erstaunlicher, als Lapislazuli zur Zeit der Entstehung des Buchs um das Jahr 800 nur im Norden Afghanistans gefunden wurde.

Die Forscher streiten sich darüber, ob das Buch bereits auf der Insel Iona fertiggestellt wurde oder erst später im Kloster von Kells. Doch unbestritten ist, dass Irland in jenen Tagen eine Hochburg der christlichen Religion gewesen ist, es galt als die Insel der Heiligen und Gelehrten. Hier traf die neue Religion auf den uralten Naturglauben und die magische Welt der Kelten. Gemeinsam verschmolzen sie zu einer spirituellen Symbiose, als deren kostbarster Schatz das Book of Kells gilt. Es enthält säuberliche Abschriften der Evangelien des Markus, des Matthäus, des Lukas und des Johannes, geschmückt von mehr als zweitausend mit Ornamenten verzierten Großbuchstaben sowie etlichen prachtvollen Malereien.

Es heißt, dass der irische Mönch Connachtach fünfzehn Jahre vor dem verheerenden Wikingerüberfall einen Aufruf erließ, mit dem er die begabtesten Künstler der christlichen Welt dazu aufforderte, nach Iona zu kommen. Auf dieser Insel, weit abgeschieden vom restlichen Europa, sollten sie etwas Außerordentliches schaffen, eine Kulmination ihres Glaubens in einem Werk von nie dagewesener Einzigartigkeit. Europa befand sich damals in unruhigen Zeiten, der Zusammenbruch des Römischen Reichs und die Wirren der Völkerwanderung hatten im frühen Mittelalter zu einem undurchschaubaren Chaos geführt, geprägt von Rechtlosigkeit, Kriegen, Hunger, Unsicherheit und allgegenwärtiger Not. So war es kein Wunder, dass sich das Kraftzentrum der Christenheit an den westlichen Rand des Kontinents verlagerte, fernab von allen Tumulten. Hierher, wo man Gott in Ruhe und Frieden dienen konnte. Denn noch war nichts von den schrecklichen Wikingern zu ahnen, die sich am Horizont schon zu ihren Raubzügen formierten.

Das Kloster auf Iona war friedlich, darüber hinaus aber auch außerordentlich wohlhabend. Nur zu gerne folgten die Künstler deshalb dem Ruf des Connachtach. Sie kamen aus Italien und aus Byzanz, aus England und aus dem Süden Frankreichs, und sie brachten nicht nur ihre Kenntnisse mit, sondern auch die kostbaren Ingredienzien, die sie zum Mischen ihrer unvergleichlichen Farben benötigten. In ihrem Gepäck befand sich Tinte, die schwärzer als Kohle war, sie verfügten über Pinselchen von nie zuvor gesehener Feinheit und über die prächtigsten Federn exotischer Vögel. Ihre Rohstoffe kamen aus Persien, aus Arabien, von den Küsten des Mittelmeers, vom Rand des Himalaya und vom Hindukusch. Bevor diese Künstler ans Werk gingen, sollen 185 Kälber geschlachtet worden sein, um aus deren Haut das zarte Vellum herzustellen.

Wie mag es wohl in der Werkstätte dieser bunt zusammengewürfelten Künstlertruppe zugegangen sein? Zwei von ihnen, so glaubt man, waren die maßgeblichen Köpfe, der eine ein temperamentvoller Südländer, der andere ein bärbeißiger Schotte mit piktischen Wurzeln. Gemeinsam vermengten sie keltische Traditionen und orientalische Kunstfertigkeit zu einem atemberaubenden Werk, prall gefüllt mit freimütigen Darstellungen üppiger Lebenslust, die noch weit entfernt sind von der gestrengen Prüderie der späteren Amtskirche.

Der verheerende Wikingerüberfall von 806 traf die Mönche nicht gänzlich unvorbereitet. Denn schon elf Jahre zuvor hatte ein erster Raubzug der Wikinger, deren Epoche damals gerade ihren Anfang nahm, auf der Insel Iona stattgefunden. In der Folge davon trug Connachtach dafür Sorge, dass in der versteckten Bucht stets ein Boot zur Abfahrt bereitlag, und außerdem, dass die wertvollen Rohmaterialien in Bündeln zusammengepackt lagerten und somit von den talentiertesten Künstlern jederzeit rasch ergriffen und zum Boot gebracht werden konnten.

Deshalb gelang es der kleinen Gruppe, ihr Buch in Kells zu vollenden. Im Schutz der Abtei überstand es die Zeiten, erst im elften Jahrhundert fiel es in die Hände eines Diebes. Zwar konnte es schon bald wieder aufgefunden werden, doch war es nun seines inzwischen vergoldeten Einbandes beraubt, außerdem fehlten dreißig der kostbaren Folienblätter. Über deren Verbleib sollte nie mehr etwas bekannt werden.

Im siebzehnten Jahrhundert geriet das Book of Kells dann erneut in Gefahr. Nicht wilde Wikinger oder verschlagene Diebe brachten diese mit sich, sondern die nicht minder ruchlosen Soldaten des Oliver Cromwell. Plündernd, mordend und vergewaltigend überzogen sie ganz Irland mit Schrecken.

Denn Oliver Cromwell ordnete als Feldherr des englischen Parlamentsheeres, Regent des Commonwealth und Lordprotektor von England drastische Maßnahmen gegen die katholische Bevölkerung Irlands an. England hatte in den vergangenen Jahrhunderten mehr und mehr die Herrschaft über Irland an sich gerissen, doch 1641 war es zu einer Rebellion der Iren gekommen, die große Teile der Insel zurück in die Autonomie führte. Cromwells Ziel war die Rückeroberung Irlands, verbunden mit der inselweiten Entmachtung und Demütigung der Katholiken. Um das zu erreichen, wurde alles Katholische rigoros ausgemerzt. Zahllose Menschen fanden den Tod, Kirchen und Klöster in ganz Irland wurden geplündert und gebrandschatzt. Oliver Cromwell gilt heutzutage als eine höchst umstrittene Gestalt der Geschichte. Wird er in England vielfach als Held des Vaterlands verehrt, so ist er in Irland weitgehend als Kriegsverbrecher und einer der Grundsteinleger des Nordirlandkonflikts verhasst.

Als Cromwells Truppen Irland 1654 auf ihrem rücksichtslosen Rückeroberungszug durchstreiften, da brachte man das Book of Kells vorsichtshalber nach Dublin. Später fand es dort seinen Platz in der Bibliothek des Trinity College, die 1732 erbaut wurde. In den altehrwürdigen Räumen lagern heute mehr als 4,5 Millionen Bücher, darunter zweihunderttausend historische Handschriften und Manuskripte. Auch die älteste Harfe Irlands wird in der Bibliothek aufbewahrt. Hochberühmt ist ihr spektakulärer

„Long Room“, eine 65 Meter lange Halle mit Holzgewölbe, die prall gefüllt ist mit Bücherregalen. Geschmückt wird die imposante Räumlichkeit von den Büsten bedeutender Schriftsteller und Gelehrter, von Homer über Platon, von William Shakespeare über Isaac Newton bis hin zu Robert Boyle. Und wie ehrfurchtgebietend ist erst die Vorstellung, dass hier Persönlichkeiten wie Jonathan Swift, Oscar Wilde oder Samuel Beckett aus- und eingegangen sind!

In einem Sonderraum wird das Book of Kells ausgestellt, unter dem Motto „Turning Darkness into Light“ – „Dunkelheit in Licht verwandeln“. Es ist sorgsam illuminiert und liegt gut geschützt in einer wohltemperierten Vitrine. Zu sehen sind jeweils nur zwei Seiten, doch einmal am Tag wird umgeblättert, sodass die Besucher immer wieder neue Seiten betrachten können. Wem es nun aber zu aufwendig erscheint, täglich die Bibliothek des Trinity College aufzusuchen, der kann sich die Faksimiles ansehen, die im Museum der Bibliothek gezeigt werden. Das Book of Kells gilt als eines der wertvollsten Bücher der Welt, seit 2011 ist es Bestandteil der Liste des UNESCO-Weltdokumentenerbes.

Und es ist ein Buch, das wahrlich noch weitaus mehr zu erzählen vermag als nur die biblischen Geschichten, die in ihm aufgeschrieben wurden.

Shepherd's Pie

Zutaten für 4 Personen: *600 g mehlig kochende Kartoffeln, 4 Stangen Staudensellerie, 2 Stangen Porree, 1 Zwiebel, 1 Dose geschälte Tomaten, 250 g Rinderhackfleisch, 250 ml Gemüsebrühe, 1 Handvoll Semmelbrösel, 2 El Tomatenmark, 1 Tl Rosenpaprika, 80 g Butter, Speiseöl, Muskatnuss, Pfeffer, Salz*

Zubereitung: *Die Zwiebel schälen und würfeln, Staudensellerie und Porree putzen, waschen und in feine Röllchen schneiden. In einem ofenfesten Topf einen guten Schuss Speiseöl erhitzen und das Hackfleisch darin kräftig anbraten, dann Zwiebeln, Porree, Sellerie und Tomatenmark hinzugeben, umrühren und kurz mitrösten. Mit den geschälten Tomaten und deren Saft sowie 100 ml Gemüsebrühe ablöschen, salzen, pfeffern, das Rosenpaprika hinzugeben, gut verrühren, die Hitze reduzieren und das Ganze bei offenem Topf 15 Minuten lang köcheln lassen.*

Die Kartoffeln schälen und in siedendem Salzwasser 20 Minuten lang garen, dann gut abschütten und mit dem Kartoffelstampfer zu Brei zerstampfen. Mit Salz und Muskatnuss würzen, die restliche Gemüsebrühe und 30 g Butter unterrühren. Anschließend mit dem Schneebesen locker aufschlagen.

Den Topf mit der Hacksauce vom Herd nehmen und den Kartoffelbrei über die Sauce schichten. Mit den Semmelbröseln bestreuen und die restliche Butter in Flöckchen oben aufsetzen.

Den Backofen auf 180°C vorheizen und das Pie ca. 30 Minuten lang darin backen, bis es zuoberst goldbraun und knusprig ist.

Eintopf, Brei und noch allerlei – die irische Küche

Heute besuchen wir den Old English Market in Cork. Er befindet sich in einer großen Halle, und schon beim Betreten schlägt uns eine abenteuerliche Mischung der verschiedensten Duftaromen entgegen. Denn hier gibt es alles Mögliche: Im bunten Gewusel zwischen Händlern und Käufern wird eine abenteuerliche Palette von Lebensmitteln feilgeboten. Da gibt es Stände mit Süßigkeiten aller Art, mit Fleisch, Wurst- und Käsespezialitäten, mit Obst und Gemüse, mit Brot und Oliven, mit Fisch, Whiskey oder mit frisch zubereiteten Leckereien.

Ich kann mich kaum sattsehen, und schon gar nicht kann ich mich entscheiden, welchem der vielen Stände ich mich zuerst zuwenden soll. Überall bieten Verkäufer ihre Köstlichkeiten zum Probieren an, und endlich entscheide ich mich, das Stückchen Käse zu verkosten, das mir von einer rundlichen Käsehändlerin im weißen Kittel so einladend hingehalten wird.

Erwartungsvoll sieht sie mir zu, wie ich kauend das Käsestück im Gaumen hin- und herschiebe. Der Käse schmeckt frisch und würzig, gerne lasse ich mir ein Stück davon einpacken. Während sie es abschneidet, frage ich sie, woher dieser leckere Käse denn komme. Ganz offensichtlich freut sie sich über mein Interesse, denn sie strahlt und erzählt von ihrer Farm im County Tipperary, wo sie sich vor einigen Jahren gemeinsam mit ihrem Mann auf die Käserei spezialisiert habe.

Spontan geht mir die Melodie des Liedes „It's a Long Way to Tipperary“ durch den Kopf, in dem die Sehnsucht eines in die Ferne gereisten Iren nach seiner Freundin in der Heimat besungen wird. Den guten Mann hat es auf Arbeitssuche ins Ausland verschlagen, ein Schicksal, das er in früheren Jahren mit vielen Iren teilte. Noch Heinrich Böll notiert in den Fünfzigerjahren des letzten Jahrhunderts, dass von neun Kindern einer irischen Familie fünf oder sechs werden auswandern müssen, um ihr Auskommen zu finden. Denn Irland war stets arm, entsprechend karg stelle ich mir die Küche des Landes vor. Das erzähle ich der Käsemacherin, und dann versteige ich mich dazu, ihr mein Erstaunen darüber zum Ausdruck zu bringen, dass es in Irland so köstlichen Käse wie den ihrigen gibt!

Tipperary, so heißen eine Stadt und eine Grafschaft im Herzen von Südirland, belehrt sie mich zunächst freundlich lächelnd. Und tatsächlich, so räumt sie ein, war Irland eigentlich nie für seine kulinarischen Spezialitäten berühmt. Das jedoch habe sich in den letzten Jahrzehnten gewaltig geändert. Es gebe inzwischen viele Lebensmittelproduzenten, die wie sie und ihr Mann darauf bedacht seien, eine Kultur hochwertiger Genüsse aus dem eigenen Land zu entwickeln. Ich solle mich doch nur einmal in der Markthalle umsehen, fügt sie mit einer ausladenden Geste hinzu.

Traditionell habe es jedoch nur einfache und deftige Hausmannskost gegeben. Eine wichtige Rolle spielte seit jeher das Lammfleisch, denn Schafe grasen überall in den Weiten der irischen Landschaft. Auf den saftigen Weiden im Herzen der Insel gibt es auch viele Rinder, die Fleisch und Milchprodukte liefern, und aus den zahlreichen Flüssen und Seen sowie von den Küsten kommen Fische, Muscheln und Krebse, vielfach auch nahrhafte Algen auf den Tisch. Hingegen gab es schon immer recht wenig Getreide. Das feuchte Klima mit seinen ständigen Regengüssen ist dessen Wachstum nämlich nicht gerade zuträglich. Allenfalls Hafer gedeiht hier einigermaßen, der wenige Weizen blieb früher der wohlhabenden Oberschicht vorbehalten. Umso besser wachsen allerdings Kartoffeln und Kohl.

Aus diesen recht spärlichen Zutaten galt es nun, möglichst nahrhafte Kost zuzubereiten. Viel Zeit zum Kochen blieb der Landbevölkerung nicht, denn die tägliche harte Arbeit nahm die Menschen hinlänglich in Anspruch. So gab es in der Regel Aufläufe und Stews, die stundenlang auf kleiner Flamme vor sich hinköchelten. In den Topf kamen Kartoffeln, Möhren, Zwiebeln, Kräuter und Kohl, an besonderen Tagen leistete man sich auch mal ein paar Brocken Fleisch. Haferbrot, Butter und Quark ergänzten die Kost, ein Glas frische Milch rundete die Mahlzeit ab. Oft gab es auch nur mit Wasser verdünnte Molke.

Sie ist ein Überbleibsel der Käseherstellung. Zu den irischen Bauernkäsen gehören „Gubbeen“, ein halbfester

Schnittkäse, und „Gigginstown", ein Rohmilchkäse. Daneben gibt es „Burren Gold" und „Cashel Blue" sowie „Gabriel", der so ähnlich wie Greyerzer schmeckt. „Cais nan deise" hat ein nussiges Aroma und der „Irish Goat" ist ein Ziegenkäse, der dem Brie ähnelt.

In den Küstenregionen war vor allem der Schellfisch stets beliebt, und seit jeher ergänzten hier auch Algen die Mahlzeiten. Besonders beliebt ist der allgegenwärtige bräunlich bis rot gefärbte Lappentang, der zu den Rotalgen gehört und leicht nach Nüssen schmeckt. Die älteste Überlieferung von dessen Verzehr stammt von keinem anderen als dem schon mehrfach erwähnten Columban von Iona, sie datiert aus dem sechsten Jahrhundert. In Irland heißt diese Alge „Dulse", man genießt sie mit Essig und Öl als Rohkost oder verspeist sie in gekochter Form als Beilage zu Kartoffeln und Brot. Auch die flache, blattartige Purpurtange kommt auf den Tisch, sie besteht aus zahlreichen Unterarten und gehört ebenfalls zur Gattung der Rotalgen. Man nennt sie „Laver" oder „Stoke", sie zeichnet sich durch ihren besonders hohen Proteingehalt aus. Gekocht und mit Butter und Kräutern verfeinert landet sie als Gemüse auf dem Teller. Man kann sie aber auch mit in die Badewanne nehmen, denn ihre Inhaltsstoffe sollen die Haut pflegen und einer vorzeitigen Hautalterung vorbeuten.

Noch heute ist die Kartoffel der Star unter Irlands landwirtschaftlichen Produkten. Die Iren sind stolz darauf, die nahrhafte Knolle in vielen verschiedenen Sorten anzubieten und je nach Art der Mahlzeit die passende Variante auszuwählen. Dazu gibt es gerne ein Stück Rindfleisch, wobei in Irland auch die günstigeren Fleischstücke aus Unter- und Oberschale kurzgebraten werden. Diese fettarmen Fleischstücke heißen dann „Round Steak“, oft werden sie vor dem Braten geklopft, um sie zarter zu machen.

Schweinefleisch wird vielfach gepökelt und kommt dann als Speck oder Schinken auf den Markt. Vom Lamm werden neben dem Fleisch auch die Innereien verarbeitet, und außerdem erfreut sich Geflügel ebenfalls recht großer Beliebtheit.

Die wichtigsten Gemüse sind neben der Kartoffel Erbsen, Lauch, Möhren, Steckrüben, Pastinaken und verschiedene Kohlsorten. Zum Salat gehören mit Mayonnaise angemachtes Kraut, der „Coleslaw“, ein kaltes Kartoffelpüree, das mit Frühlingszwiebeln und Mayonnaise vermischt ist, sowie Rote Bete. Die Zutaten von Suppen werden gerne püriert, was irischen Suppen eine breiige, dickflüssige Konsistenz verleiht.

Das irische Frühstück ist wie das englische ein äußerst sättigender Start in den Tag. Es gibt Speck und gebratene Blutwurst, Würstchen, Rühr- und Spiegeleier, Bratkartoffeln und Rösti, gebackene Bohnen, gebratene Tomaten und Champignons, Haferbrei in Form von „Porridge“, Toast, Brown Bread, weiche Brötchen („Scones“), Butter und verschiedene Marmeladen, allen voran natürlich die beliebte Orangenmarmelade. Begleitet wird das Ganze von Orangensaft und Tee mit Milch und Zucker, aber natürlich ist auch Kaffee im Angebot.

Kommen wir also zu den Getränken. Was fällt Ihnen als erstes ein? Natürlich, Guinness! Das traditionsreiche dunkle Bier wird seit 1759 in Dublin gebraut. Seine Besonderheit ist, dass es nicht nur mit Kohlensäure gezapft wird wie herkömmliches Bier, sondern mit einer Mischung aus knapp einem Drittel Kohlensäure und gut zwei Dritteln Stickstoff. Der Stickstoff sorgt für den auffallend cremigen Schaum. Guinness-Dosen enthalten deshalb ein sogenanntes „floating widget", eine Plastikkugel, die erst beim Öffnen der Dose den in ihr enthaltenen Stickstoff freigibt. Mit dessen Hilfe wirkt das Dosen-Guinness dann wie frisch gezapft.

Doch Guinness trinkt man vornehmlich im Pub. Die irische Pub-Kultur mit ihrer erfolgreichen Mischung aus Kneipe, Musik- und Sportbar hat sich vom Dubliner Kneipenviertel Temple Bar ausgehend in den letzten Jahrzehnten weltweit ausgebreitet. Im Pub gibt es nicht nur Guinness, auch der beliebte irische Whiskey wird hier ausgeschenkt. Er wird aus ungemälzter Gerste gebrannt und ist deshalb etwas herber, aber auch weniger rauchig als sein Konkurrent, der schottische Whisky (ohne „e" vor dem „y"). Die Alkoholsteuer in Irland ist hoch, entsprechend muss man für Hochprozentiges tiefer in die Tasche greifen als bei uns in Deutschland.

Doch zum Essen gibt es weder Whiskey noch Guinness, stattdessen wählt man Mineralwasser oder Lagerbier. Inzwischen sind die Iren vielfach auch auf den Geschmack von Wein gekommen.

Nach diesem Exkurs holt mich die Käsehändlerin charmant lächelnd wieder ins Hier und Jetzt zurück. Ob ich denn nicht auch mal ihren Cúil Aodha probieren möchte? Der unaussprechliche Name entstammt der irischen Sprache, anglisiert heißt der Käse „Coolea“. Er stammt eigentlich aus einem kleinen Dorf in der Grafschaft Cork, aber die Dame hat sich die Rezeptur zu eigen gemacht. Das angebotene Probierstück schmeckt nicht schlecht, und flugs wechselt ein weiteres Stück Käse in meinen Besitz über. Als sie mir dann noch einen mit Cranberrys aromatisierten Weichkäse hinhält, fällt mir zum Glück gerade noch rechtzeitig ein, dass ich mich auf einer Rundreise befinde und keinen Kühlschrank dabeihabe…

Fried Woodcock with Rutabaga – Waldschnepfe mit Steckrübengemüse

Zutaten für 4 Personen: *2 küchenfertige Waldschnepfen, 150 ml Whiskey, 8 Scheiben durchwachsener Speck, 1 Zwiebel, 1 Steckrübe, 2 Schalotten, ½ Bund Blattpetersilie, Speiseöl, Salz, Pfeffer*
Zubereitung: *Die Schnepfen waschen, trocken tupfen, ringsum mit Speiseöl einreiben, salzen und pfeffern. Anschließend je mit 4 Scheiben Speck umwickeln und die Keulen mit Küchengarn zusammenbinden.*

Die Zwiebel schälen und würfeln. In einem ofenfesten Topf etwas Öl erhitzen und die Zwiebelwürfel darin goldbraun rösten. Mit dem Whiskey ablöschen, sogleich vom Herd nehmen und die beiden Schnepfen nebeneinander in den Topf setzen. Den Backofen auf 200°C vorheizen und den Topf ohne Deckel hineinstellen. 15 Minuten lang backen, anschließend die Schnepfen wenden und noch einmal 20 Minuten lang backen.
In der Zwischenzeit die Schalotten schälen und fein hacken, die Steckrübe großzügig schälen (in Schalennähe ist sie bitter) und in mundgerechte Würfel schneiden. In einem Topf etwas Speiseöl erhitzen und die Steckrübenwürfel darin kurz kräftig anbraten. Dann die Schalotten hinzugeben und mitbraten, bis sie glasig sind. Mit 150 ml Wasser ablöschen, die Hitze reduzieren, salzen, pfeffern und den Deckel aufsetzen. Köcheln lassen, bis das Wasser weitgehend verdampft ist und die Steckrüben schön weich sind.
Inzwischen die Petersilienblättchen abzupfen und grob hacken. Wenn das Gemüse gar ist, die Petersilie unterheben.
Die fertigen Schnepfen aus dem Herd nehmen, das Küchengarn entfernen und beide Schnepfen längs in zwei Hälfen teilen.
Das Gemüse als Bett jeweils in der Tellermitte anrichten. Je eine halbe Schnepfe darauflegen und etwas von der Zwiebelsauce aus dem Schnepfentopf darüberträufeln.
Dazu passen kleine, in der Schale gedünstete neue Kartoffeln.

Irlands wilder Westen – von Fischern, Wind und Einsamkeit

Am Sonntag sind sie mit den Booten hinüber nach Dún Chaoin gefahren. Denn hier steht das kleine Gotteshaus, dessen Kirchspiel sie angehören. Der Pfarrer hat sie eindringlich ermahnt, zur Andacht zu kommen, wenn ihnen ihr Seelenheil lieb ist. Und sie sind fromme Leute, sie leben streng nach der katholischen Lehre. Doch was sollen sie tun, wenn Stürme um ihre Insel toben und die Wogen des Atlantiks haushoch auftürmen? Dann müssen sie daheimbleiben, auf An Blascaod Mór, der Hauptinsel von Na Blascaodaí, einer Inselgruppe im äußersten Südwesten von Irland. Dort, wo Amerika fast schon näher erscheint als Europa. Das Zuhause dieser Menschen liegt nur zwei Kilometer vom irischen Festland entfernt, und doch ist es gänzlich isoliert, wenn die wilden Winde des Atlantiks es so wollen. Der Sturm und der Ozean sind die wahren Herrscher in dieser rauen Welt.

Das Leben ist nicht einfach auf An Blascaod Mór. Vor gut hundert Jahren leben etwa hundertfünfzig Menschen hier, wo Wind und Regen zu Hause sind und wo die Existenz nur um vier Elemente kreist: um Kartoffeln und Fische, um Schafsmilch und Torf. Tauschhandel beherrscht die Geschäfte, so wie in archaischer Vergangenheit, denn hier gibt es keine Handwerker oder Läden, keine Amtsstube, keine Schule, keine Pfarrer und keine Landherren, denen man Pacht zahlen müsste müsste. Die Insulaner sind einfache Leute, jeder von ihnen ist Selbstversorger, sie brauchen nicht viel. Doch eine Kunst haben sie sich an langen Winterabenden angeeignet und ungezählte Jahrhunderte hindurch bewahrt: Sie sind begnadete Geschichtenerzähler. Ihre gälische Sprache ist bunt und voller Bilder, so wie die fantastischen Küsten, die der wilde Atlantik geformt hat.

Einer von diesen Inselbewohnern ist Tomás Ó Criomhthain, Fischer und Bauer, geboren auf An Blascaod Mór kurz vor Weihnachten im Winter des Jahres 1856. Auch er ist ein großer Fabulierer, und eines hat er den meisten seiner Nachbarn voraus: Tomás hat ein brillantes Gedächtnis. Er kennt jede einzelne der Geschichten, die sich in den letzten Jahrzehnten hier zugetragen haben. Deshalb scharen sich die Zuhörer um ihn, auch als er alt geworden ist und längst schon nicht mehr mit den Booten auf die offene See hinausfährt, zusammen mit den anderen Männern, von denen die meisten nicht schwimmen können.

Wind tost draußen um seine kleine Kate, die hoch oberhalb der steil zum Meer hinabstürzenden Küste im hügeligen Grasland liegt. Um die Häuschen herum weiden vereinzelte Schafe, sie trotzen wie dicke, wollige Kugeln dem ewigen Sturm.

Drinnen ist es warm und behaglich. Die Torfbriketts glimmen im Kamin, und eine Petroleumlampe flackert in der Ecke der Stube. Hier lehnt Tomás Ó Criomhthain in seinem abgewetzten Sessel, ein kleiner, dürrer Mann mit scharf geschnittenen Zügen und lebhaften Augen. Unermüdlich schöpft er aus dem reichen Fundus seiner Erlebnisse, er begleitet die Worte durch Gesten, spricht schneller und hebt dabei seine Stimme mit beschwörendem Timbre, bricht abrupt zu einer spannungsgeladenen Pause ab, um endlich leise raunend seinen ergreifenden Bericht fortzusetzen.

Gebannt kleben sie an seinen Lippen, die Männer, Frauen und Kinder. Denn Tomás Ó Criomhthain ist der Erbe einer uralten Tradition, die lebendig blieb, seit im Dunkel ferner Vergangenheit einst keltische Erzähler geheimnisvolle Märchen aus einer verzauberten Anderswelt erweckten.

Die Erlebnisse, die Tomás heute schildert, sind jedoch weniger magisch als vielmehr recht drastisch: Er berichtet davon, wie er mit ein paar Männern zu den Höhlen in den Klippen gerudert ist, nur mit hölzernen Knüppeln bewaffnet, und wie sie dort Robben erschlagen haben. Ein blutiges, schauriges Gemetzel, nichts für zarte Gemüter, doch am Ende ein Fass Robbenfleisch für jeden der Männer, genug Fleisch für den langen Winter.

Dieses Mal ist ein Fremder unter den Zuhörern, sein Name ist Quinn. Er kam erst am heutigen Sonntag mit dem zurückkehrenden Boot der Kirchgänger nach An Blascaod Mór. Quinn ist ein Wissenschaftler aus Dublin, die kleine Insel nennt er nicht bei ihrem gälischen Namen, für ihn heißt sie Great Blasket Island. Und die Pfarrgemeinde auf dem Festland nennt er nicht Dún Chaoin wie die Inselbewohner, für ihn heißt sie Dunquin. Sie ist ein winziger Ort an der Westspitze der Halbinsel Dingle in der Grafschaft Kerry.

Quinn ist gekommen, um die gälische Sprache zu erforschen, das alte Irisch, das zu dieser Zeit kaum noch gesprochen wird. Die große Hungersnot hatte der Sprache den Garaus gemacht, viele Muttersprachler starben. Wer überlebte oder sein Glück im Ausland versuchen wollte, der musste englisch reden, um etwas zu erreichen. Das Irische galt mehr und mehr als die Sprache der Armen und Ausgegrenzten. Inzwischen beherrschten es nur noch wenige Menschen an den abgelegensten Orten, wie hier auf Great Blasket Island.

Aber Quinn will die uralte Sprache bewahren, ihre Worte und Regeln studieren. Außerdem will er das Leben der Bewohner von Great Blasket Island erforschen. Er hat davon gehört, dass ihre Lebensweise ganz herkömmlich, ja, vielleicht sogar primitiv sei, und dass man hier die seltene Gelegenheit zum Einblick in eine sonst längst vergessene Vergangenheit erhalten könne.

Quinn ist fasziniert von Tomás Ó Criomhthains Geschichten, und er bittet ihn inständig, seine Erlebnisse aufzuschreiben. So entsteht ab 1918 zunächst „Allagar na hInise“, eine Sammlung von Tagebuchblättern, und 1929 erscheint schließlich „An tOileánach“, das bald darauf ins

Englische übersetzt wird. Tomás Ó Criomhthain heißt nun Thomas O'Crohan, und als das Buch in den Fünfzigerjahren Heinrich Böll und seiner Frau Annemarie in die Hände fällt, da sind sie so fasziniert von den eindringlichen Schilderungen des Alltags auf Great Blasket, dass sie es ins Deutsche übersetzen. O'Crohans Werk „Die Boote fahren nicht mehr aus“ öffnet ein einzigartiges Fenster zu einer Vergangenheit, die nicht mehr existiert.

Mit Kopfschütteln betrachten nämlich inzwischen die zuständigen Staatsbeamten in Dublin die Hinterwäldler auf Great Blasket Island. Wie soll denn solch eine rückständige Lebensweise mit der modernen Zeit zu vereinbaren sein? Die jüngeren Leute verlassen ohnehin immer öfter die Insel, auf der sie für sich keine Perspektive sehen. 1953 entscheidet der Staat, die letzten noch verbliebenen Starrköpfe von Great Blasket zu evakuieren.

Ihre bescheidenen Katen liegen jetzt verlassen, Wind und Regen nagen an Dächern, Fenstern und Türen. Nur die festen Steine der Mauern leisten dem Verfall noch beharrlich Widerstand, so als warteten sie in unerschütterlicher Hoffnung auf bessere Zeiten. Und diese sollen tatsächlich kommen: In den Achtzigerjahren keimt in immer mehr jungen Menschen der Wunsch auf, aus der Konsumwelt ihrer Eltern auszusteigen. Besonders in Westdeutschland schwappt diese Aussteigerwelle hoch, und so spült sie schließlich eine Gruppe junger Deutscher auf die entlegene Insel. Sie hauchen den alten Hütten neues Leben ein und ernähren sich von Schafzucht, von Fisch- und Kaninchenfang. Ein mickriges Schlauchboot ist ihre einzige Verbindung zum Festland.

Die Idylle, die sich diese jungen Idealisten vorgestellt haben, scheint an der Realität gescheitert zu sein, denn längst lebt keiner von ihnen mehr auf Great Blasket. Und doch ist die Insel auch heute nicht immer unbewohnt, zumindest nicht in den Sommermonaten. Dann kommt Sue Redican nach Great Blasket, eine Weberin aus Wales. Ohne Strom und ohne Wasser lebt sie schon seit 1987 jeweils für ein paar Monate hier, alleine mit sich, ihrem Spinnrad, ihrem Hund, ein paar Schafen, dem Wind und dem Atlantischen Ozean. Was nach einer romantischen Einsiedelei klingt, zeigte ihr allerdings vor ein paar Jahren seine unschöne Schattenseite. Sue stolperte und brach sich den Knöchel. Nur unter Qualen gelang es ihr, die Hütte zu erreichen und die Küstenwache zu alarmieren. Fünfzehn freiwillige Helfer brachten sie in einer dramatischen Rettungsaktion, die wegen Sturm und hohen Wellen ganze zehn Stunden dauerte, auf die Halbinsel Dingle und von dort weiter ins Krankenhaus. Diese bittere Erfahrung konnte Sue aber nicht davon abhalten, auch im folgenden Jahr wieder nach Great Blasket Island hinauszufahren.

Vielleicht muss man die Landschaft im Südwesten der Grafschaft Kerry selbst erlebt haben, um ihre Faszination zu verstehen. Hier befinden sich die höchsten Berge Irlands, hier wachsen wilde Fuchsien in üppigen Büschen, blühen prächtige Rhododendren, verströmen wilde Blumen ihren betörenden Duft. Und hier, an den zerklüfteten Landzungen, die in den Atlantik hineinragen, findet man die dramatischsten Küsten und atemberaubendsten Panoramen von ganz Irland.

Die 179 Kilometer lange Panoramastraße „Ring of Kerry" ermöglicht es Besuchern, diese abenteuerliche Landschaft zu erkunden, tief unten im wilden Westen von Irland. Hier erwarten sie nicht nur grandiose Ausblicke, auch eisenzeitliche Ringforts, mysteriöse steinzeitliche Menhir-Reihen, wie zum Beispiel die Steinreihe von Eighteruca auf der Halbinsel Iveragh, oder frühmittelalterliche Schriftsteine, die sogenannten Oghams.

Über die Landzunge von Beara ganz im Süden schlängelt sich die Küstenstraße Ring of Beara. Von hier aus erreicht man Dursey Island mit Irlands einziger Seilbahn. Innerhalb von knapp acht Minuten schwebt sie in zweihundertfünfzig Metern Höhe über dem Wasser zur westlichsten Insel des County Cork, einem Hort für Schafe und Vögel mit nur einer knappen Handvoll menschlicher Bewohner. Die 1969 gebaute Seilbahn sollte neuen Aufschwung für die Insel bringen, als die Fangmengen der dortigen Fischer in der zweiten Hälfte des vorigen Jahrhunderts zusammenbrachen, doch die Rechnung ging nicht auf. Heute dient die Seilbahn vornehmlich zum Transport von Schafen, Rindern und mutigen Wanderern, denen der einsame Spaziergang auf der wildromantischen Insel die

360 Meter lange Überfahrt in der leicht verbeulten und angerosteten Kabine wert ist. Und wird ein Seilbahngast während der schwankenden Reise doch einmal von Zweifeln befallen, so findet er zu seiner Beruhigung in der Kabine Weihwasser und die tröstenden Worte des Psalms 91: „Wer unter dem Schirm des Höchsten sitzt und unter dem Schatten des Allmächtigen bleibt, der spricht zu dem Herrn: Du bist meine Zuversicht und meine Burg, mein Gott, auf den ich vertraue."

Nun denken Sie vermutlich, diese Art des Reisens sei nur etwas für nervenstarke Abenteurer oder Gläubige mit gehörigem Gottvertrauen. Tatsächlich machen es die abgelegenen Inseln in Irlands Westen Besuchern nicht gerade leicht, sie zu erreichen. Wer heutzutage nach Great Blasket Island möchte, der kann von der Halbinsel Dingle aus mit einem Birdwatching-Boot fahren. Auf Wunsch wird er dann auf die Insel gebracht, allerdings muss er dazu in ein wackeliges Schlauchboot umsteigen. Es gibt nur eine ganz kleine Anlegestelle auf Great Blasket, und nur bei ruhiger See kann man es wagen, dort anzulanden.

Dann denkt man an Tomás Ó Criomhthain, genannt Thomas O'Crohan, und an die Fischerfamilien von Great Blasket Island. Und vielleicht denkt man auch an den Pfarrer von Dunquin, der traurig den Kopf schüttelt, wenn die Bewohner der Insel an einem stürmischen Sonntag mal wieder nicht zum Gottesdienst in seine Kirche herüberkommen.

Hake 'n' Spinach – Seehecht mit Spinat

Zutaten für 4 Personen: *4 Seehechtfilets (á ca. 200 g), 600 g frischer Spinat, 5 Tomaten, 2 Knoblauchzehen, 1 unbehandelte Zitrone, 50 g Butter, 5 El gutes Speiseöl, Angostura, Muskatnuss, Salz, Pfeffer*

Zubereitung: *Die Zitrone waschen und den äußersten gelben Anteil der Schale fein abreiben, dann auspressen. Das Speiseöl mit vier Spritzern Angostura, der Zitronenschale, der Hälfte des Zitronensafts sowie Salz und Pfeffer gut vermischen und anschließend die Fischfilets von beiden Seiten damit einpinseln. Die Fischfilets nebeneinander in eine Auflaufform legen und mit der restlichen Ölmischung beträufeln, noch einmal etwas Pfeffer darübermahlen und dann locker mit Alufolie abdecken. Den Backofen auf 180°C vorheizen und den Fisch 20 Minuten lang hineinstellen, sodann die Alufolie entfernen, die Grillfunktion hinzuschalten und den Fisch weitere 5-6 Minuten backen lassen, bis die Oberseite zu bräunen beginnt.*

In der Zwischenzeit die Knoblauchzehen schälen und in hauchdünne Scheibchen schneiden. Die Tomaten waschen und in kleine Würfel schneiden. Den Spinat putzen und waschen, nicht abtropfen. In einer großen Pfanne die Butter zerlassen und die Knoblauchzehen darin anbraten, bis sie leicht braun sind. Dann eine Handvoll Spinat hinzugeben und zusammenfallen lassen, so immer weiter fortfahren, bis aller Spinat in der Pfanne ist. Salzen, pfeffern und mit Muskatnuss würzen, Danach den restlichen Zitronensaft und die Tomatenwürfel unterrühren, noch einmal ganz kurz aufkochen und im Anschluss gleich auf Tellern anrichten. Jeweils ein Fischfilet oben auflegen.

Mit Brown Bread oder in der Schale gedämpften Kartöffelchen servieren.

Grösser, schneller, besser, mehr – das Guinness-Buch der Rekorde

Während ich mir gerade Gedanken über das nächste Thema mache, erscheint auf dem Display meines Smartphones eine Push-Meldung: Apple soll dem irischen Staat dreizehn Milliarden Euro Steuern nachzahlen. Soviel hat das Unternehmen nach einer Entscheidung der EU-Kommission wegen rechtswidriger Steuervergünstigungen im Lauf der Jahre eingespart. Irland soll nun eine entsprechende Steuernachforderung in die Wege leiten.

Daraus ziehe ich zwei Schlüsse: Zum einen scheint es jetzt wirklich vorbei zu sein mit dem Steuerparadies Irland. Und zum anderen wäre das vielleicht gleich ein neuer Eintrag für die aktuelle Ausgabe des Buchs, mit dem ich mich gerade beschäftigen will: dem legendären Guinness-Buch der Rekorde. Eine Steuernachzahlung in derartiger Höhe scheint mir doch zumindest rekordverdächtig zu sein.

Aber im Grunde genommen interessieren mich all diese Höchstmarken ehrlich gesagt nicht so sehr. Mal im Ernst, ist es in irgendeiner Form von Bedeutung, dass man von dem Inder weiß, dem achtzehn Zentimeter lange Haare aus der Ohrmuschel wachsen? Oder dass ein Kanadier mit einer Gesamtlänge von 2,33 Metern den längsten Bart der Welt besitzt? Ist es sinnvoll, dass sich in Malaysia 21 Studenten in einen Mini-Kleinwagen gequetscht haben?

Das mag nicht sonderlich angenehm gewesen sein, aber wie hat sich erst der Australier gefühlt, der eine Rikscha mit vierhundert Kilo Gesamtgewicht an zwei Haken gezogen hat, die an den Tränenbeinen unterhalb seiner Augen befestigt waren? Autsch!

Sympathischer ist mir da schon das Mädel aus Rheinland-Pfalz, das neunzehn mit Bier gefüllte Maßkrüge vierzig Meter weit geschleppt und dabei kaum etwas verschüttet hat. Und Hut ab vor Dilish aus Mumbai, dem stolzen Besitzer von 4.425 historischen Fotoapparaten.

Das 1.266,6 Meter lange Brot der hundert Bäcker, die sich in Portugal zum Wettbacken trafen, kann man hinterher wenigstens aufessen. Doch man wird Probleme damit haben, sich gemütlich auf den größten Stuhl der Welt zu setzen, der steht in Spanien und ist stolze 26 Meter hoch. Ähnlich war es wohl mit dem aufblasbaren Sofa, das vor ein paar Jahren in Bremen aufgestellt wurde, denn es war nicht nur zwanzig Meter lang, sondern auch mehr als acht Meter hoch.

An den 116 nur mit Unterwäsche bekleideten jungen Leuten, die sich im Rahmen einer Kampagne auf einem Londoner Bahnhof trafen, mag so mancher seinen Spaß gehabt haben. Dagegen hat sich vielleicht der eine oder andere die Ohren zugehalten, als sich in Bolivien 1.166 Trompeter zum gemeinsamen Konzert zusammentaten. Der US-Amerikaner, der mit 164 Rekorden den unumstrittenen Rekord der meisten Rekorde hält, hat beispielsweise in nur einer Minute achtzig Eier mit dem Kopf zerdrückt. Selbst ein Huhn würde das wohl kaum zum Gackern finden.

Eine Chinesin brachte 105 Hula-Hoop-Reifen zum Schwingen – gleichzeitig, versteht sich. In England hopsten 1.008 Menschen gemeinsam mit Gummihüpfbällen herum und verschafften sich damit wenigstens ein wenig Bewegung. Und den Schweizer, der 8.888 „Bitte nicht stören"-Schilder aus Hotels in aller Welt gesammelt hat, stört bestimmt kein Mensch mehr.

Der Belgier, der sage und schreibe 227 T-Shirts übereinander angezogen hat, braucht nicht mehr zu frieren, zahlt aber dafür den Preis einer recht eingeschränkten Bewegungsfreiheit. Das größte Badelaken wurde in Zypern ausgelegt, und damit hätte man wahrlich viele Sonnenliegen reservieren können. Denn es maß 64 Meter bei einer Breite von 31 Metern. Das hätte gleich auch noch für den ganzen Pool gereicht.

Die weltgrößte Pokémon-Sammlung nennt ein Mädel aus Florida ihr Eigen, aber inzwischen hat sie sich bestimmt aufs Virtuelle verlegt und spielt Pokémon-Go. Der allergrößte Werbeaufkleber (61 x 71 Meter) pappte an einem Hochhaus auf den Philippinen.

Man sieht, der Wettstreit um Spitzenwerte findet überall auf der Welt seine Resonanz, und bevor Sie sich nun angesichts all dieser Superlative zu langweilen beginnen, will ich Ihnen noch verraten, dass sich natürlich auch Iren an der Gaudi beteiligen: So kamen im nordirischen Derry die meisten Weihnachtsmänner aller Zeiten zusammen, das waren sagenhafte 13.000. Viel Spaß hatten vermutlich auch die 1.253 als Schlümpfe verkleideten Iren, die sich 2008 zum Muckno Mania Festival in Castleblayney im County Armagh getroffen haben.

Größer, schneller, besser, mehr – der Antrieb des Wettstreits durchzieht fast alle Lebensbereiche und scheint ein wesentlicher Motor unserer menschlichen Leistungsfähigkeit zu sein. Insbesondere erfolgreiche Geschäftsleute sind von diesem Geist beseelt, sonst brächten sie es ja gar nicht so weit.

Äußerst ehrgeizig war wohl auch Sir Hugh Beaver, in dessen Händen die Geschäftsleitung der Guinness Brauerei während der Jahre von 1946 bis 1960 lag. Er verkaufte sein Bier mit so bahnbrechenden Resultaten, dass sowohl das Trinity College in Dublin als auch die ehrwürdige University of Cambridge dem Brauereichef Ehrentitel zuerkannten. Seinen Triumphen war natürlich harte Arbeit vorausgegangen, und von dieser pflegte Sir Hugh sich auf gediegenen Jagdausflügen zu erholen.

Eines schönen Tages im November 1951 trieb er sich nun mit seiner Jagdgesellschaft im North Slob herum, einem Watt im Mündungsbereich des Flüsschens Slaney im County Wexford ganz im Südosten von Irland. Die Herrschaften schossen auf Goldregenpfeifer, unscheinbar gesprenkelte Vögelchen, die durchs Sumpfland waten und dabei deprimiert klingende, monotone „Tüüüüüüt"-Laute von sich geben. Doch es war wie verhext: Kaum knallten die Schrotkugeln aus den Flinten der Jägermeister, da huschten die Vögel blitzgeschwind davon und entzogen sich derart erfolgreich den Geschossen, wie man es sonst nur vom Road Runner aus den Cartoons der Warner Bros. kannte.

Am Abend dann, beim knisternden Kaminfeuer im vornehmen Castlebridge House seines Gastgebers, saß Sir Hugh im Chesterfield-Sessel und blätterte in einer Enzyklopädie. Ihn trieb die Frage um, ob dieser verflixte Goldregenpfeifer der schnellste Vogel Europas sei, so wie der Rennkuckuck, dem die Figur des Road Runners nachempfunden ist, einer der schnellsten Flitzer Nordamerikas ist. Sir Hugh las allerhand über Aussehen, Ernährung und Verbreitung der Zugvögel aus dem hohen Norden, die damals noch zu zigtausenden in den Mooren Nordeuropas, Großbritanniens und Irlands überwinterten. Dass sie dort inzwischen vom Aussterben bedroht sind, hat weniger mit Jägern wie Sir Hugh zu tun als vielmehr mit der Zerstörung der Lebensräume und mit der Klimaerwärmung. Doch davon konnte das Nachschlagewerk im Jahr 1951 noch nichts wissen. Und auch eine Antwort auf seine Frage blieb das schlaue Buch Sir Hugh damals schuldig.

Ärgerlich schlug er deshalb das Lexikon schließlich zu. Das konnte doch nicht sein! So viel Wissen war darin zusammengetragen, doch eine passsende Auskunft für ihn gab es trotzdem nicht. Musste es nicht auch anderen so ergehen wie ihm? Und waren es nicht seine Landsleute, die gerne Wetten um gerade solche Fragen abschlossen? Wie viele Streitereien mochte es allabendlich in den Pubs von Irland und Großbritannien geben, wenn die Männer nach der Arbeit beim Guinness zusammenstanden und einer von ihnen eine Behauptung aufstellte, der ein anderer widersprach? Sollte man diesen Leuten nicht helfen, indem man eine Liste der Bestleistungen zusammenstellte und sie jedermann zugänglich machte?

Das war die Geburtsstunde der Guinness World Records. Flugs erteilte Sir Hugh zwei Statistikern aus London den Auftrag, alle erdenklichen Höchstleistungen auszukundschaften, und im August 1955 erschien endlich die allererste, beachtliche 198 Seiten starke Ausgabe ihres Werks. Es erwies sich als Volltreffer. Noch im gleichen Jahr erreichte es in der Vorweihnachtszeit die Spitze der Bestsellerlisten, und seit dieser Zeit kehrt es mit seinen alljährlichen Neuauflagen immer wieder verlässlich dorthin zurück. Es sammelt Bestmarken aus den Bereichen Natur, Wissenschaft, Technik, Architektur, Kunst, Unterhaltung, Gesellschaft, Politik, Sport und Spiel sowie Körper und Leistung einzelner Menschen. Die deutsche Ausgabe erscheint bei Hoffmann und Campe und bringt es inzwischen auf 256 Seiten. Und längst schon müssen die Mitarbeiter der Guinness World Records nicht mehr mühsam durch die Lande ziehen, um Spitzenwerte zusammenzutragen. Über die Website des Unternehmens kann sich jedermann selbst anmelden, wenn er eine rekordverdächtige Leistung aufstellen will. Fünfzig Mitarbeiter sorgen dafür, dass dabei alles mit rechten Dingen zugeht.

Und nun kommt der Wermutstropfen: Weil Sir Hugh Beaver seinerzeit Statistiker aus London beauftragte, sitzt die Rekordsammelstube auch heute noch in der englischen Metropole. Im südafrikanischen Johannisburg geboren, war Sir Hugh wohl ein waschechter Kosmopolit. So wird denn auch das Guinness Bier schon längst nicht mehr nur in Dublin gebraut, sondern auch in London, in Indonesien, in Belize, auf den Seychellen oder auf Saint Vincent und den Grenadinen. Grenzen zu erweitern, Menschen zusammenzubringen, Fähigkeiten zu entfesseln sowie Kreativität und Innovationen zu fördern, all das gehört zu den wohlklingenden Zielen des Unternehmens. Also ganz im Sinne der Guinness World Records!

Guinness Chocolate Tart – Guinness-Schokoladenkuchen

Zutaten: *250 ml Guinness-Bier, 300 g Mehl, 350 g Zucker, 150 ml Schmand, 300 g Frischkäse, 250 g Butter, 80 g Kakao, 150 g Puderzucker, 2 Eier, 80 g Bitterschokolade (80 % Kakaogehalt), 1 Vanilleschote, 1 ½ Tl Natron, dunkle Schokoladenstreusel, Butter und Mehl für die Springform*

Zubereitung: *Die Bitterschokolade in einen Frühstücksbeutel geben und mit dem Fleischklopfer vorsichtig in kleine Stücke schlagen.*

Das Guinness in einen Topf füllen und erhitzen, aber nicht aufkochen lassen. Die Butter hinzugeben und unter Rühren ganz auflösen. Dann den Zucker einrühren, ebenfalls auflösen lassen und nun das Kakaopulver hinzusieben, dabei beständig weiter rühren.
Die Vanilleschote auskratzen und das Mark in den Topf geben, die Vanilleschote ebenfalls hinzufügen und 10 Minuten lang bei schwacher Hitze ziehen lassen. Dann die Vanilleschote entfernen, den Topf vom Herd nehmen und abkühlen lassen.
Den Schmand in einer Schüssel mit den Eiern verquirlen und danach die Masse unter die abgekühlte Biermischung rühren. Nun stetig rührend das Mehl hineinsieben, das Natron hinzumischen und so lange vorsichtig rühren, bis ein glatter Teig entstanden ist. Zum Schluss die Bitterschokolade unterheben. Eine Springform gut mit Butter einfetten und anschließend mit Mehl bestäuben, Den Teig hineinfüllen. Den Backofen auf 180°C vorheizen und den Kuchen 55 Minuten lang darin backen. Dann aus dem Ofen nehmen und in der Form ganz abkühlen lassen. Erst nach dem vollständigen Erkalten herauslösen und vorsichtig auf eine Platte schieben.
Den Frischkäse mit dem Schneebesen glatt aufschlagen und dabei den Puderzucker gründlich unterschlagen. Den kalten Kuchen mit der Masse bestreichen und im Kühlschrank abgedeckt mindestens 2 Stunden lang durchziehen lassen.
Vor dem Servieren mit Schokoladenstreuseln dekorieren.

Guinness *eignet sich beileibe nicht nur zum Trinken. Probieren Sie es in Saucen, Dips oder Eintöpfen, an karamellisierten Zwiebeln oder beim „Beer Can Chicken", im Dessert, oder, besonders köstlich, im Karamellbonbon „Fudge". Falls Sie es aber vorziehen, das „schwarze Gold Irlands" doch zu trinken, sollten Sie es korrekterweise in einem Winkel von 45 Grad ins Glas einfließen lassen und dafür exakt 199,5 Sekunden aufwenden. So machen es die Profis, wenn man dem Museum in Guinness Storehouse von Dublin Glauben schenken darf.*

Die Wiedergeburt aus der Finsternis – Newgrange

Mit klammen Fingern tastet sich die Kälte an den Armen und Beinen der Menschen empor, die in einer Kammer zusammenkauern. Fröstelnd ziehen sie ihre Felle enger um die Schultern. Es ist stockfinster, seit der heilige Mann die Glut der Fackel ausgetreten hat, mit deren Licht er sie durch den engen Gang bis tief hinein ins Innere der Erde geführt hat.

Nun hocken sie hier auf dem harten Boden, während sich hoch über ihnen das Erdreich wölbt, das ihr Lebensspender ist. Sie sind in einem Grab, genau wie das Leben, das im Frühjahr aus der Erde gesprossen war. Es hat sich tief in sein eigenes Grab zurückgezogen, als der Winter kam und sein Leichentuch über dem Land ausbreitete. Über den Halmen mit ihrem nährenden Korn, den Kräutern und Beeren des Waldes, dem wilden Gemüse und dem frischen Gras, das ihr Vieh im Sommer sättigte.

All das verschwand im Boden, in finsteren Höhlen, ähnlich vielleicht dieser, in welcher sie nun kauern, frierend und voller Furcht. Denn nur eines vermag sie zu retten: die Kraft der Sonne. Nur die Sonne allein kann das Wunder vollbringen und das schlafende Leben mit ihren wärmenden Strahlen wiedererwecken. Ihr Licht trägt eine Verheißung in sich, das Versprechen und die Zuversicht, dass das winterliche Sterben bald vorüber sein wird. Dass nun endlich wieder neues Leben aus der Erde zu sprießen beginnt.

Aber noch ist es düster. Die Sonne ist in den letzten Monaten immer tiefer zum Horizont hinabgesunken, immer schwächer wurde ihr Leuchten. Doch der heilige Mann weiß genau, dass ihre Zeit jetzt gekommen ist. Heute wird sie sich wieder erheben, und von diesem Tage an wird sie stetig weiter steigen. Licht und Wärme wird sie schenken und neues Leben. Seit Menschengedenken geschieht das so, es ist ein ewiger Kreislauf von Tod und Wiedergeburt.

Still drängen sich die Menschen aneinander, niemand wagt es, auch nur ein Flüstern von sich zu geben. Fast scheint das Warten unerträglich, die Anspannung schnürt ihre Kehlen zusammen.

Da plötzlich gleitet ein zarter goldener Strahl durch den engen Gang auf sie zu. Erst noch ganz zaghaft, doch schnell wird er heller, und schon erstrahlt die ganze Kammer im goldenen Licht! Hörbar atmen die Menschen auf, Ausrufe ehrfürchtigen Staunens erfüllen den Raum, und was eben noch ein finsteres, kaltes Grab war, ist mit einem Mal die Geburtsstätte strahlender Göttlichkeit! Der heilige Mann erhebt sich und breitet die Arme aus, als wolle er das Licht ganz in sich aufnehmen. Dann beginnt er, geheimnisvolle Worte zu sprechen, Formeln der Beschwörung, die sein Volk seit unermesslich langer Zeit bewahrt hat und die von dem einen heiligen Mann an den nächsten weitergegeben wurden.

Nur eine kurze Weile lang währt der Zauber, dann entfernt sich das Leuchten wieder langsam. Doch die Last der Furcht ist von den Menschen abgefallen. Sie wissen, dass das Licht zu ihnen zurückgekehrt ist. Erleichtert verlassen sie die Kammer im Inneren der Erde, und als sie aus dem schmalen Gang ins Freie hinaustreten, erglüht schon das ganze Land unter dem prächtigen Schein der Morgensonne. Hier warten ihre Familien und Freunde auf sie, und jubelnd umarmen sich alle. Der Tod ist auch in diesem Jahr wieder besiegt worden, das Leben beginnt von Neuem!

So mag es sich zugetragen haben, damals, vor mehr als fünftausend Jahren. Erst in fünfhundert Jahren würde der erste Ägypter auf den Gedanken kommen, eine Pyramide zu errichten. In Stonehenge gab es bisher nur einen bescheidenen Erdwall, bis die imposanten Megalithe aufgestellt würden, sollten noch weitere tausend Jahre vergehen.

Jetzt war die Zeit, in der die Sumerer im Zweistromland ihre Städte gründeten, nachdem sie gerade erst die Keilschrift erfunden hatten, die älteste uns heute bekannte Schrift. Es herrschte die Epoche der Jungsteinzeit, der Gebrauch von Metall war noch unbekannt.

Doch die Menschen in Irland verstanden es bereits, Keramik herzustellen. Sie verzierten ihre Töpfe und Schüsseln mit geometrischen Rillen und aufwendigen Wellenlinien. Die Triskele, eine Dreifachspirale, war ihnen heilig. Deshalb schlugen sie dieses Muster auch in manche der Granit- und Quarzitbrocken, aus denen sie oberhalb einer

Biegung des Flusses Boyne ein geheimnisumwobenes Bauwerk errichteten.

Sie schichteten dort einen Hügel auf, der einen Durchmesser von neunzig Metern erhielt, umgaben ihn mit einem festigenden Steinring und bedeckten ihn mit Grassoden. Den Eingang, der das Heiligste im Inneren dieses Hügels verbarg, verschlossen sie mit einem gigantischen Granitblock, den ihre Künstler mit noch weit größerer Hingabe gravierten als alle anderen Steine. Ihre Leistung ist umso erstaunlicher, wenn man sich die Härte des zu bearbeitenden Materials vor Augen führt. Heutzutage verwenden Steinmetze zur Bearbeitung von Granit in der Regel Diamantwerkzeuge.

Der Granitstein schützte ein noch erstaunlicheres Wunderwerk, das die Menschen im Inneren des Hügels erschaffen hatten: Am Ende eines zweiundzwanzig Meter langen Ganges öffnet sich tief im Inneren des Hügels eine kreuzförmige Kammer, die sieben Meter hoch ist. Ihr Gewölbe ist einzig und allein aus Steinplatten zusammengefügt, und es hält schon seit fünftausend Jahren. Kein Wassertropfen schafft es, hier hindurchzudringen. Dieses sogenannte „Kraggewölbe“ wird von waagerecht verlegten Mauersteinen getragen, die sich nach oben hin zu einer Bogenform verjüngen. Um dem Gebilde Stabilität zu verleihen, muss von den Seiten und von oben ein vertikaler Druck darauf ausgeübt werden, eine Funktion, die der Grashügel sehr wirkungsvoll übernommen hat.

Was die neolithischen Architekten mit diesem kolossalen Bauwerk bezweckt haben, darüber lässt sich heute nur noch spekulieren. Sie lebten in einer der fruchtbarsten Gegenden der Insel, in der heutigen Grafschaft Meath nördlich von Dublin. Klar ist, dass der Sonnenzauber im Inneren dieses Hügels, den wir heute „Newgrange" nennen, keinem Zufall geschuldet sein kann. Alljährlich zur Wintersonnenwende treffen die Strahlen der aufgehenden Sonne für die Dauer einer Viertelstunde durch einen nur zehn Zentimeter breiten Schacht genau in die tief im Inneren liegende Kammer hinein. Dreizehn Tage lang besteht die Chance auf dieses Lichtwunder, die Wahrscheinlichkeit wenigstens eines wolkenfreien Morgens ist also recht groß.

Die Vermutung, das Lichtspektakel sei mit einem religiösen Fruchtbarkeitsritual verbunden gewesen, drängt sich angesichts der so üppige Ernte bringenden Umgebung geradezu auf. Doch fand man auch die Überreste der Knochen fünf verschiedener Menschen sowie diverser Grabbeigaben. Es liegt daher nahe, dass Newgrange zumindest zeitweise auch als Grab genutzt wurde. Vielleicht verschmolzen hier Kulte um die Früchte des Landes mit dem Glauben an die menschliche Wiedergeburt.

Ein Megalithring hat den Kulthügel von Newgrange einst umgeben, von diesem sind heute nur noch zwölf Steine erhalten. Ganz in der Nähe befinden sich zwei weitere, sehr ähnliche Anlagen, die noch älter zu sein scheinen.

Man weiß fast nichts über die Nutzung dieser Grabhügel, und genauso wenig weiß man, warum sie eines Tages aufgegeben wurden.

Eine alte Sage behauptet, der mythische Held Cú Chulainn sei in Newgrange geboren worden. Seine Mutter Deichtire war eine Königstochter und kämpferische Wagenlenkerin. Das Kind soll ihrem Techtelmechtel mit dem Gott Lugh entsprungen sein, seinerseits ein wilder Krieger mit magischem Speer. Andere Geschichten berichten davon, dass Deichtires Schwangerschaft dem versehentlichen Verschlucken einer Mücke geschuldet sein sollte. Doch das mag auch bloß eine recht fadenscheinige Ausrede der Schwangeren gewesen sein. Jedenfalls vertraute sie das Kind ihrer Schwester an, und diese erzog den Knaben zu einem schier unbesiegbaren Kämpen mit übermenschlichen Kräften. Weil er auch noch zu einem bildhübschen Adonis heranwuchs, stieg Cú Chulainn zum großen Star seiner Epoche auf. Diese datiert auf die Regierungszeit des Sagenkönigs Ulster, der um Christi Geburt in Irland herrschte. Doch da hatte man die Mysterien von Newgrange schon längst vergessen.

Die Jahrhunderte zogen ins Land, und es kam die Zeit, als die Engländer Irland unterwarfen. Um ihre Machtposition zu festigen und die eroberte Insel so effektiv wie möglich nutzen zu können, siedelten sie linientreue Untertanen in den ertragreichsten Regionen der Insel an. Das üppige Land um Newgrange, das zuvor der Zisterzienserabtei Mellifont Abbey gehört hatte, fiel an den schottischen Lord Charles Campbell.

Seine Lordschaft ritt nun eines schönen Tages im Jahr 1699 mit ein paar Bediensteten über seine Ländereien, denn er suchte Steine für die Erweiterung seines Anwesens. Da entdeckte er unversehens einen von Bäumen gesäumten Grashügel, auf dem eine Herde seiner Schafe weidete. Und davor türmte sich ein ganzer Haufen des begehrten Baumaterials auf! Flugs gab Lord Campbell Anweisung, die Steine auf sein Gehöft zu schaffen. Doch als er noch einmal zufrieden lächelnd zurückschaute, da bemerkte er eigentümliche Linien in dem größten der Steine. Er gab seinem Pferd die Sporen und lenkte es dorthin. Kein Zweifel, hier lagen nicht irgendwelche Steine. Jemand musste sie bearbeitet haben!

Der Lord ließ die Steine beiseiteräumen und staunte nicht schlecht, als sich der dahinter verborgene Eingang auftat. Er hatte keine Ahnung davon, dass dieser gerade zum ersten Mal seit Jahrtausenden geöffnet wurde. Aber dass er eine besondere Entdeckung gemacht hatte, war Lord Campbell durchaus bewusst. Es heißt, dass er persönlich sich als Erster ins finstere Innere des Hügels hineinwagte.

Leider ist nichts darüber bekannt, was er dort vorgefunden hat. Gab es etwa Grabschmuck, Ritualgegenstände, kultische Werkzeuge, die Knochenreste aufgebahrter Toter? Zwar kamen schon bald darauf Gelehrte, um das geheimnisvolle Bauwerk zu untersuchen, doch lag es Jahrhunderte hindurch offen und ungeschützt. Jedermann konnte nach Herzenslust aus- und eingehen. Manch einer kam aus akademischem Interesse, zum Beispiel der Professor aus Dublin, der 1725 notierte, dass sich am Boden der Kammer zwei menschliche Skelette befunden hätten. Andere wiederum nahmen wahllos verzierte Steine und andere Gegenstände als Andenken mit.

Erst 1962 wurden systematische Ausgrabungen in Angriff genommen. Schon bald darauf entschloss man sich, die Anlage zu rekonstruieren und somit möglichst in ihren ursprünglichen Zustand zurückzuversetzen. Diese Arbeiten dauerten bis 1975. Das Projekt ist freilich nicht unumstritten. So mussten Betonstützen eingebaut werden, um die Stabilität des Zugangs zu gewährleisten, und das heutige äußere Erscheinungsbild des Hügelgrabs fußt in wesentlichen Teilen auf purer Spekulation.

Authentisch ist hingegen die finstere Kammer im Inneren von Newgrange. Um hineinzugelangen, muss man sich zunächst abwenden und das andere Ufer des Flusses Boyne aufsuchen. Denn hier befindet sich das Besucherzentrum, in dem der Zugang zum Allerheiligsten geordnet und reglementiert wird. Nur in kleinen Gruppen und unter fachkundiger Führung ist es erlaubt, das Innere des Grabhügels zu betreten.

In gebückter Haltung haben auch wir uns schließlich in diese uralte Steinhöhle hineingezwängt. Hier erwartet uns ein ganz besonderes Erlebnis: Weil es nämlich wohl kaum einem von uns möglich sein wird, in den frühen Morgenstunden zur Zeit der Wintersonnenwende vor Ort zu sein, wird der eintreffende Lichtstrahl gekonnt simuliert. Ganz allmählich gleitet dann goldenes Licht in die Düsternis von Newgrange. Und ehrfürchtig schweigend erleben wir für die Dauer eines Atemzugs einen Hauch dessen, was die Menschen vor fünftausend Jahren in diesem Moment empfunden haben mögen.

PARSLEY SOUP - PETERSILIENSUPPE

Zutaten für 4 Personen: *8 Pastinaken, 2 Bund Blattpetersilie, 2 Lauchzwiebeln, ¼ Sellerieknolle, 1 kleine Zwiebel, 60 g Butter, Speiseöl, Salz, Pfeffer*

Zubereitung: *Pastinaken, Sellerie, Zwiebel und Lauchzwiebeln schälen und in kleine Stücke schneiden. In einem Topf einen Schuss Speiseöl erhitzen und das Gemüse darin anbraten, bis es leicht zu bräunen beginnt. Dann mit 1 l Wasser ablöschen, aufkochen, salzen und pfeffern und 20 Minuten lang bei mittlerer Hitze köcheln lassen.*

In der Zwischenzeit die Petersilie waschen, schleudern, dann die Blättchen abzupfen und grob hacken.

Nach Ende der Garzeit die Petersilie mit in den Topf geben und alles mit dem Pürierstab zu einer homogenen Suppe verarbeiten. Zum Schluss die Butter hinzugeben, schmelzen lassen und gut verrühren.

Auf Tellern anrichten und noch etwas Pfeffer darübermahlen.

Wer mag, kann zuvor auch noch etwas Crème fraîche in die Mitte kleksen.

Mit Brown Bread servieren.

Der brave Tinker – von Pferden, Händlern und dem fahrenden Volk

Lachend reißt der Mann mit der Fischermütze den Strick in die Höhe, an dem er ein geschecktes Pferd hält. Das Tier quittiert diese Rücksichtslosigkeit, indem es die Ohren anlegt, doch der Mann beachtet das nicht. Mit der anderen Hand hält er sieben weitere Stricke, und jeder einzelne davon endet am Halfter eines gescheckten Pferdes. Sie alle dösen teilnahmslos vor sich hin, verharren wie die Standbilder ausgemergelter Schindmähren, und man kann ihre fehlende Begeisterung fast mit Händen greifen. Ich glaube, die armen Tiere wären gerne ganz woanders, bloß weg von hier.

Und das kann schneller gehen, als gedacht. „Der ist ganz brav“, beteuert der Mann mit der Fischermütze und nickt dabei eifrig. Sein Dialekt ist nur schwer zu verstehen, er kommt aus dem County Donegal, einer verlassenen Gegend ganz im Nordwesten von Irland. Dort, wo verwitterte Keltenkreuze vor nebelverhangenen Bergen aus dem Hochmoor ragen, wo Menhire, Dolmen und steinerne Forts davon zeugen, dass diese wilde und abgeschiedene Region schon seit neuntausend Jahren besiedelt ist. Und wo heute nur rund dreiunddreißig Einwohner pro Quadratkilometer den Reisenden spüren lassen, was Einsamkeit heißt. Denn das ist ja bloß ein statistischer Wert, die meisten der Bewohner leben in den zweiundzwanzig

Städten der Grafschaft, die weite Landschaft ist hingegen menschenleer. Nur ein acht Kilometer breiter Streifen verbindet Donegal mit dem Rest der Republik Irland und macht es damit fast zur Exklave, seine restliche Festlandgrenze teilt sich das County mit Nordirland.

Liegt es an dieser relativen Isolation, dass der Mann mit der Fischermütze so kauzig wirkt? Freimütig gibt er zu, dass er Donegal nur einmal im Jahr verlässt, dann, wenn der Markt in Ballinasloe stattfindet. Dieser Markt ist das merkantile Großereignis Irlands schlechthin, aus dem ganzen Land kommen Verkäufer und Einkäufer, ja, nicht nur von dort: Mittlerweile zieht der Markt Interessenten aus vielen Teilen der Welt in den Sechstausend-Seelen-Ort im mittleren Westen der Insel. Denn das verschlafene Nest hat nichts Geringeres zu bieten als den größten Pferdemarkt der Welt!

Und als sei dieser Superlativ nicht schon erstaunlich genug, rühmt sich der Pferdemarkt von Ballinasloe auch noch damit, einer der ältesten Pferdemärkte von ganz Europa zu sein. Schon seit dem achten Jahrhundert, so heißt es, wird hier mit Pferden gehandelt. Der traditionsreiche Markt überlebte auch die bittere Zeit, als das englische Parlament Ende des siebzehnten Jahrhunderts die „Penal Laws" erließ. Damit wurden die Rechte der katholischen Bevölkerung Irlands – damals schätzungsweise achtzig Prozent – erheblich beschnitten. Unter anderem war es Katholiken von nun an verboten, kriegstaugliche Pferde zu besitzen, und so kam es, dass sich viele in der Not einen Esel zulegten. Der Esel wurde zum Schlachtross des irischen Landmanns, bis zum Siegeszug der Traktoren und Landmaschinen war er das irische Arbeitstier schlechthin.

Auch in Ballinasloe wird mit Eseln gehandelt, darüber hinaus mit Hühnern und Enten, Schafen und Hunden. Doch die Objekte der größten Begierde sind die Pferde: Ganze sechstausend Exemplare stehen hier alljährlich im Oktober zum Verkauf. Hunderttausend Besucher drängen sich dann über die Marktwiese, die sich allmählich in einen Sumpf verwandelt, und allerorts preisen Händler die Vorzüge ihrer Tiere an. Graubärtige Farmer in blauen Arbeitskitteln oder löchrigem Tweet, Jungs mit schmutzigen Gesichtern und strubbeligem Haar, die müden Mähren mit hängendem Rücken durch Stockhiebe ein wenig Feuer einzutreiben versuchen.

Da plötzlich galoppiert auf schnaubendem Hengst mit wehender Mähne ein verwegener Jüngling lauthals schreiend mitten durch das Gedränge hindurch – wir springen erschrocken zur Seite. Doch der Mann mit der Fischermütze steht noch immer an der gleichen Stelle und grinst. Nur seine Pferde schauen etwas konsterniert aus ihrem tranceähnlichen Zustand auf, um sogleich wieder dorthinein zurückzugleiten. Stoisch wiederholt der Mann von Neuem: „Der ist ganz brav!“

Seine acht Schecken sind Tinker, Pferde einer uralten Rasse, die als Irish Cob in den Zuchtbüchern geführt wird.

Doch nur Tiere, die den Rassestandards der Irish Cob Society genügen, dürfen als Irish Cob bezeichnet werden. Das sind ausschließlich die ordnungsgemäß im Mutterzuchtbuch verzeichneten Exemplare, aufgeteilt je nach Größe in die drei Sektionen Pony, Kleinpferd und Pferd. Es sind kräftige Arbeitspferde mit starken Knochen, meist gescheckt und mit üppigem Langhaar.

Die Tinker werden vom Zuchtverband jedoch nicht anerkannt, und das liegt an ihrer Herkunft. Wenn es auch gerade diese ist, die ihre Rasse erst erschaffen hat, so stößt sie doch bei zahlreichen irischen Pferdefreunden auf vehemente Ablehnung.

Denn die Tinker sind die Pferde des fahrenden Volkes, der „Traveller". Im Lauf von Jahrhunderten haben sie Pferde herangezüchtet, die ihre Wagen ziehen mussten, und sie achteten dabei weniger auf die Reinheit der Rasse, als vielmehr auf Robustheit, Kraft, Charakterfestigkeit und Schönheit, wobei sie Wert auf geschecktes Fell und attraktive Behänge legten. Sie kreuzten die Kaltblutrassen Shire Horse und Clydesdale mit ihren Pferden, aber auch die kleinen und ausdauernden Dales-Ponys oder die zuverlässigen Connemara-Ponys aus der gleichnamigen Landschaft im Westen von Irland.

Heraus kam der Tinker, intelligent, freundlich, gutmütig, leicht zu halten, widerstandsfähig und arbeitsam. Zum Reiten sind die Tinker allerdings weniger geeignet. Denn bei der Zucht wurde seit jeher der Schwerpunkt auf die Eignung als Zugpferd gelegt, ihre Rückenmuskulatur ist deshalb nicht sonderlich ausgeprägt.

Doch die bessere Gesellschaft rümpfte die Nase. Das lag keineswegs nur daran, dass in höheren Schichten einfarbige Pferde bevorzugt wurden. Es lag vielmehr an den verachteten Travellern, die diese Pferde züchteten.

Die Traveller ziehen schon seit vielen Jahrhunderten durch Irland und schlagen sich als Kesselflicker, Altmetallsammler, Hausierer, Wanderhandwerker sowie als Pferde- und Hundehändler durch. In irischer Sprache heißen sie „Lucht Siúil", man nennt sie auch „Pavee" oder, ganz wie ihre Pferde, „Tinker". Mit den früher als „Zigeuner" diskriminierten Roma des europäischen Festlands sind sie ethnisch nicht verwandt. Doch die Vorurteile und die Ablehnung innerhalb der sesshaften Bevölkerung von Irland gegen die Traveller sind nicht weniger drastisch als Feindseligkeiten, mit denen die Roma zu kämpfen haben. Irische Traveller sind aus ethnischer Sicht zwar eine Teilgruppe der einheimischen Bevölkerung, doch das Zusammenleben im unübersichtlichen Großfamilienverband und die nomadisierende Lebensweise wecken Misstrauen. Hinzu kommt die beharrliche Weigerung der Traveller, sich den Regeln zu unterwerfen, die der irische Staat ihnen aufzuerlegen versucht. „Traveller" ist ein Synonym für Gauner, und das, obwohl statistisch erwiesen ist, dass die Traveller keine höhere Kriminalitätsrate als der Rest der Bevölkerung haben.

Heute leben rund 25.000 Traveller in Irland. Sie haben ihre eigene Sprache, das „Shelta“, sie heiraten innerhalb ihrer Gruppen und überliefern ihr eigenes althergebrachtes Wissen. Staatlich organisierte Bildung lehnen sie ab. Sie pflegen ihre spezifische Kultur und legen Wert auf wirtschaftliche Unabhängigkeit. Ihre Wohnwagen-Camps sieht man mitunter am Straßenrand, wenn man durchs Land fährt, oder in den Außenbezirken der Städte. Meist verzichten sie darauf, behördliche Genehmigungen zum Anlegen ihrer Lager einzuholen, denn sie gehen davon aus, dass diese ohnehin verweigert werden. Nach Umfragen lehnen drei Viertel der Iren Traveller-Siedlungen in ihrer Nachbarschaft ab.

Misstrauisch beäugt werden auch die vielen Traveller, die auf den Pferdemarkt von Ballinasloe gekommen sind. Die örtliche Verwaltung hat ihnen eine abfallende Wiese unterhalb der Kathedrale für ihr Lager zugewiesen, gleich hinter dem Pferdemarkt.

Sie sind die Könige des Pferdehandels, doch Nicht-Traveller wie der Mann mit der Fischermütze deuten mit vielsagenden Blicken in ihre Richtung. „Traue keinem von denen“, meint er verschwörerisch, „das sind alles bloß Banditen.“ Und das, obwohl seine eigenen Gäule ganz offensichtlich auch in keinem Zuchtbuch verzeichnet sind und noch dazu keinen allzu dynamischen Eindruck machen. Dann reißt er noch einmal am Strick des armen Kleppers, der neben ihm inzwischen wieder in resigniertes

Dösen verfallen ist. „Der hier“, sagt der Mann, „der ist brav. An dem werden Sie ihre Freude haben!“

Ich nicke freundlich und erkläre ihm dann endlich, dass ich nur gekommen bin, um mich umzuschauen. Schließlich habe ich keine Absicht, meiner Fluggesellschaft zu erklären, dass sich mein Gepäck auf der Rückreise um ein Pferd erweitert hat. Der Mann mit der Fischermütze schaut ein wenig enttäuscht, dann wendet er sich gleich dem nächsten Vorüberkommenden zu. „Der ist ganz brav“, versichert er und zieht kräftig den Strick des müden Schecken nach oben.

Da kann er viel erzählen. Denn so berühmt und vielfrequentiert der Pferdemarkt von Ballinasloe auch sein mag, und wenn tatsächlich manch wirklich prachtvolles Pferd hier angeboten wird, unter Kennern gilt als oberstes Gebot: Traue keinem. Hier wird gelogen und beschönigt, erfunden und vertuscht. Die Händler sind wahre Künstler ihres Fachs, sie alle eint die Gabe, mit larmoyantem Charme und schurkischem Instinkt aus jedem noch so entschlossenen Nichtkäufer einen potenziellen Kunden zu machen. Gleichermaßen gewitzt wie beredt verstehen sie es, Mitleid und Schuldgefühle in ihrem Gegenüber zu wecken. Ehe man sich versieht, hält man dann einen lahmen, knochigen Schecken am Halfter. Und der Händler wendet sich feixend ab, wobei er ein dickes Bündel Euroscheine zufrieden mit dem Daumen durchblättert.

Traveller's Peppermint Cake – Pfefferminzkuchen nach Art der Traveller

Zutaten: *500 g Mehl, 3 Eier, 150 g Butter (zimmerwarm), 150 g brauner Zucker, 80 g Honig, ca. 150 ml Sprudelwasser; 5 Stängel frische Pfefferminze, 3 Stängel frische Zitronenmelisse, 1 unbehandelte Zitrone, 1 Pck. Vanillezucker, 3 Tl Natron, 150 g Puderzucker, 100 ml Pfefferminzsirup. Mehl für die Arbeitsfläche, Minzeblättchen zum Dekorieren*

Zubereitung: *Zitronenmelisse- und Pfefferminzblättchen abzupfen, waschen, trockenschleudern und fein hacken. Die Zitrone waschen, den äußeren gelben Schalenanteil abreiben, danach die Zitrone auspressen.*

Das Mehl mit Natron, Vanillezucker und Zucker in eine Schüssel geben und vermischen, dann Eier, Honig, Butter, Zitronenschalenabrieb, die gehackten Minz- und Melisseblättchen sowie das Sprudelwasser hinzugeben und alles gut durchkneten. Sollte der Teig zu fest sein, noch etwas Sprudel hinzugeben, ist er zu flüssig, gibt man noch etwas Mehl dazu. Der Teig soll geschmeidig, aber nicht klebrig sein.

Nun den Teig auf einer eingemehlten Fläche zur Größe eines Backblechs ausrollen. Ein Backblech mit Backpapier auslegen und den Teig darauf gleichmäßig ausbreiten. Den Backofen auf 180°C vorheizen und den Kuchen ca. 45 Minuten lang darin backen.

Puderzucker, Pfefferminzsirup und Zitronensaft gleichmäßig miteinander verrühren und über dem noch warmen Kuchen verstreichen. Einige Minuten lang abkühlen lassen, dann die zum Dekorieren vorgesehenen Minzeblättchen auf dem Kuchen verteilen.

Besonders gut schmeckt der Kuchen mit warmer Schokoladensauce.

Die Traveller behaupten, dass auch ihre Pferde diesem Kuchen nicht widerstehen können.

Yahoo! oder die Unzulänglichkeit des Menschen – Jonathan Swift

Eines Tages im Mai 1699 ist es endlich so weit. Der junge Arzt Lemuel Gulliver kann sich seinen Herzenswunsch erfüllen, er sticht in See. Es ist eine Zeit des allgemeinen Aufbruchs, in Europa hat die Epoche der Aufklärung Einzug gehalten. Der Mensch hat offenbar plötzlich die Existenz seines Verstandes entdeckt, und den gilt es zu schulen. Lässt sich der eigene Horizont nicht durch Reisen am besten erweitern?

Ohne zu überlegen schlägt Lemuel Gulliver deshalb ein, als man ihm eine Stelle als Wundarzt auf einem Handelsschiff anbietet. Doch was so verheißungsvoll beginnt, endet schon bald darauf in einem schrecklichen Sturm. Das Schiff gerät in Seenot. Zwar gelingt es Lemuel Gulliver, sich mit ein paar Matrosen in ein Beiboot zu retten, doch kentert dieses schon nach kurzer Zeit.

Als einziger Überlebender wird Lemuel Gulliver an den Strand eines unbekannten Eilands gespült und fällt erschöpft in tiefen Schlaf. Doch welch ein böses Erwachen steht ihm bevor!

„Als ich versuchte aufzustehen, war ich außer Stande, mich zu bewegen. Ich lag auf dem Rücken und fand meine Arme und Beine zu beiden Seiten am Boden befestigt, mein langes und dichtes Haar war in gleicher Weise festgebunden.“

So wird er später die traumatische Erfahrung schildern, mit der sein Abenteuer beginnt. Denn Lemuel Gulliver ist auf Liliput gestrandet, einer von Zwergen bewohnten Insel. Die winzigen Menschlein haben ihn zwar gefangengenommen, aber sie versorgen ihn mit Speis und Trank. Sie bringen ihn in ihre Stadt, wo er Gelegenheit findet, ihr gesellschaftliches Zusammenleben zu studieren. Sie haben Parlament und Parteien, religiöse Sekten, Fürsten und einen Kaiser, ganz wie die großen Menschen in der Heimat. Sie debattieren und intrigieren, führen Fehden und Kriege. Fürchterlich kleinlich erscheint Lemuel Gulliver das Treiben dieser winzigen Liliputaner.

Der Zwergenkaiser findet bald Gefallen an dem linkischen Riesen, zumal er in dessen Körpergröße einen nicht zu unterschätzenden Vorteil für sich selbst erkennt. Schon seit langem schwelt ein politischer Konflikt zwischen verschiedenen Gruppierungen der Liliputaner, die sich durch die Höhe der Absätze ihres Schuhwerks voneinander differenzieren.

Noch bedrohlicher ist der Streit mit einem Nachbarvolk um die Frage, ob ein Ei am flacheren oder am spitzeren Ende zu öffnen sei. Es droht eine Eskalation, weil die Flachend-Eiöffner von der Nachbarinsel planen, in Liliput einzufallen. Da kommt dem Kaiser der riesenhafte Lemuel Gulliver gerade recht. Denn der kann doch handstreichartig für Ordnung sorgen und somit die kaiserliche Macht ein für alle Mal auch innenpolitisch stabilisieren!

So watet Gulliver hinüber zur Insel der Flachend-Eiöffner und entwendet deren sämtliche Schiffe mittels einer einzigen langen Leine. Die bedrohliche Angriffslage ist abgewendet, deshalb veranstaltet der Kaiser ein großes Freudenfest zu Lemuel Gullivers Ehren. Doch unglücklicherweise bricht dabei eine Feuersbrunst im kaiserlichen Palast aus, welche Gulliver, beschwingt vom reichlichen Weingenuss, kurzentschlossen mithilfe einer natürlichen Verrichtung löscht. Das jedoch erregt ein erhebliches Ärgernis. Wegen öffentlichen Urinierens stellt man Gulliver vor Gericht und verurteilt ihn dazu, geblendet zu werden. Gulliver gelingt die Flucht.

Ein englisches Schiff nimmt ihn auf, doch auch diese Reise steht unter keinem guten Stern. Ein Unwetter verschlägt das Schiff an fremde Gestade, und dieses Mal ist es ein Reich von Riesen. Die Riesenkönigin holt den witzig-winzigen Gulliver als Kuriosität an ihren Hof, doch da lebt ein neidischer Zwerg, der um sein eigenes Ansehen fürchtet und Gulliver deshalb das Leben zur Hölle macht. Ein Zufall rettet Gulliver aus seiner misslichen Lage, denn ein Vogel entführt ihn und trägt ihn zurück in die Heimat.

Doch dort hält es ihn nicht lange. Ein rätselhafter Unbekannter überredet ihn zu einer weiteren Reise, und schon bald findet er sich wieder an Bord eines Schiffs. Das Schicksal will es, dass er dieses Mal das Opfer eines Piratenüberfalls wird. Die Halunken setzen ihn in einem kleinen Boot aus, und das treibt nach kurzer Fahrt ans Ufer einer mysteriösen Insel. Denn am Himmel über dieser Insel schwebt wahrhaftig eine weitere Insel!

Mittels einer herunterhängenden Kette gelangt Gulliver auf die fliegende Insel. Hier trifft er auf äußerst merkwürdige Bewohner: Sie tragen ihre Köpfe zur Seite geneigt und blicken mit jedem Auge in eine andere Richtung. Nur mithilfe von Dienern und leichten Schlägen auf Mund und Ohren können sie miteinander kommunizieren. Ein Magnet steuert ihre bemerkenswerte Himmelsinsel in der Luft, wodurch sie über Licht und Schatten auf der darunterliegenden Insel bestimmen. Gulliver langweilt sich schnell bei diesem eigenartigen Volk und begibt sich zurück nach unten auf die Erdinsel. Hier erfährt er von skurrilen Forschungsprojekten, mit denen die dortigen Wissenschaftler Erkenntnisse über die schwebende Himmelsinsel zu erlangen versuchen. Ihre Theorien sind allesamt so absurd und aberwitzig, dass Gulliver diese Insel kopfschüttelnd verlässt.

Auf der nächsten Insel trifft er einen Herrscher, der jedermann, egal ob tot oder lebendig, nach Gutdünken erscheinen lassen kann. Gulliver ist begeistert und lässt Homer, Julius Cäsar, Hannibal, Descartes, Alexander den Großen, Aristoteles und andere herbeiwünschen. Doch schnell langweilt ihn dieses Spiel, und er begibt sich erneut in ein anderes Land.

Dort ist es Sitte, den Boden abzulecken, wann immer sich der König nähert. Wen der König nicht leiden kann, dem streut er kurzerhand etwas Gift auf den Boden. Das stößt Gulliver ab, aber es gibt auf dieser Insel auch etwas, von dem er fasziniert ist: Hier leben nämlich neben den gewöhnlichen Leuten die Struldbrugs, und die sind unsterblich! Gullivers Begeisterung währt allerdings nur kurz. Denn mit dreißig werden die Struldbrugs traurig, mit achtzig sehnen sie sich nach dem Tod, und mit zweihundert können sie sich mit den Sterblichen nicht mehr unterhalten, weil sich deren Sprache ständig verändert. Dann werden sie „foreigners in their own country" – „Fremde im eigenen Land". Enttäuscht kehrt Gulliver nach England zurück.

Doch er hat Blut geleckt, schon nach mehreren Monaten fährt er wieder hinaus. Dieses Mal ist er Kapitän auf seinem eigenen Schiff. Offensichtlich erfüllt er diese Aufgabe aber nicht sonderlich erfolgreich, denn die Mannschaft meutert und setzt ihn mal wieder auf einer fremden Insel ab. Hier trifft er auf sehr absonderliche, affenartige Tiere, und als er eines davon angreift, stürzt sich eine ganze Horde auf ihn und besudelt ihn mit Kot. Zu seiner Rettung eilen zwei Pferde herbei, und bald stellt er fest, dass auf dieser Insel die weißen Pferde herrschen. Sie erwiesen sich als edel und voller Vernunft. Freundschaft und Güte sind ihre höchsten Werte. Die affenartigen Wesen der Insel hingegen sind nicht nur hässlich, sondern auch gierig und gemein. Die Pferde halten sie als Bedienstete und nennen sie „Yahoo". Gulliver behandeln die Pferde freundlich, obwohl er sich selbst schon bald als eine Art Yahoo erkennt. Er berichtet den Pferden von den Kriegen zwischen England und Frankreich, die wohl eine Million Yahoos das Leben gekostet haben. Denn die Yahoos sehen nicht nur hässlich aus, sie verhalten sich auch so. Mehr und mehr erkennen jetzt auch die Pferde, dass Gulliver nichts anderes als ein Yahoo ist. Deshalb bitten sie ihn, zu gehen.

Obwohl er nun eigentlich nicht mehr zu den armseligen Yahoos in seiner Heimat zurückkehren möchte, verschlägt es Gulliver schließlich doch wieder dorthin. Hier verbringt er seine Zeit fortan lieber mit Pferden als mit Menschen.

Das ist das Ende von Gullivers Reisen. Als abenteuerlicher Roman, mit klarer Sprache in Ich-Form geschrieben und mit rasch voranschreitender, spannungsgeladener Handlung sorgte die Geschichte gleich nach ihrem Erscheinen im Jahr 1726 für Furore. Beigefügte Karten erwecken beim Leser den Eindruck, es handle sich um die Schilderung einer realen Reise. Bis heute ist es ein Vergnügen, dieses Buch zu lesen, und in verkürzter Form gehört es zu den Klassikern der Kinderliteratur.

Doch durch eben diese Verkürzungen hat man das Werk seiner Kernaussage beraubt. Denn gestrichen wurden neben den allzu deftigen und derben Passagen vor allem diejenigen, welche bissige Gesellschaftskritik enthalten.

Der Autor Jonathan Swift wurde 1667 in Dublin geboren. Sein Vater starb schon vor seiner Geburt, und die Mutter gab das Baby in die Obhut einer Gouvernante in

England. Im Alter von fünf Jahren kehrte Swift nach Irland zurück, wo er nun bei Verwandten lebte, während die Mutter ihrerseits nach England emigrierte. Es scheint, dass diese vehemente Ablehnung durch die leibliche Mutter in Jonathan Swift Spuren hinterlassen hat, die er nie überwinden konnte. Swift galt zeitlebens als reizbarer und ausgesprochen unhöflicher Misanthrop.

Mit fünfzehn nahm er ein Theologiestudium in Dublin auf, doch er war unangepasst und rebellisch. Seinen Abschluss erteilte man ihm deshalb nur gnadenhalber. Ein entfernter Verwandter gab ihm trotzdem einen Job, Swift verdingte sich als Sekretär in England und schloss schließlich ein weiteres Studium an der Universität von Oxford mit dem Master of Arts ab. Er kehrte nach Irland zurück und wurde Priester. Im Alter von knapp dreißig Jahren entdeckte er seine Passion für das Schreiben. Aus seiner Feder flossen vornehmlich scharfzüngige politische Satiren. Denn die gnadenlose Ausbeutung seiner irischen Landsleute durch englische Gutsbesitzer erfüllte ihn mit großer Wut. Seine vielleicht boshafteste Satire ist „A Modest Proposal“ – „Ein bescheidener Vorschlag“ –, worin er als probates Mittel gegen Überbevölkerung und Armut in Irland den profitablen Export irischer Säuglinge nach London vorschlägt, wo sie dann als Nahrungsmittel Verwendung finden sollten.

So ist es denn einem Missverständnis geschuldet, wenn Swifts Hauptwerk „The Travels into Several Remote

Nations of the World", besser bekannt unter dem Titel „Gullivers Reisen", als früher Fantasy-Roman für Kinder abgetan wird. Vielmehr handelt es sich auch bei diesem Werk um eine beißende Satire. Swift übt seine Kritik, indem er die Missstände metaphorisch am Beispiel der verschiedenen Inselvölker aufzeigt. Da begegnen dem Leser absurde Gesetze und lächerliche Regeln, mit denen das Volk unterdrückt wird. Einzelne Menschen handeln in ihrer Dünkelhaftigkeit mit grotesker Willkür und verursachen dadurch die skurrilsten Geschehnisse. Auf diese Art führt Swift vor allem das Vertrauen in die menschliche Vernunft vor, der im Zeitalter der Aufklärung so große Bedeutung beigemessen wurde. Die Pferde, so Swifts Fazit, sind ganz offensichtlich deutlich weiser und friedlicher als die menschlichen „Yahoos", die sich als Krone der Schöpfung betrachten.

Ein kleines Detail aus Gullivers Reisen sei noch erwähnt. Es wird oft überlesen, doch zeugt es beispielhaft von Swifts umfassender Allgemeinbildung. Er erwähnt zwei Marsmonde und beschreibt die Dauer deren Umlaufs um den Planeten. Doch die beiden Marsmonde sollten erst hundertfünfzig Jahre später entdeckt werden. Swift hat sich offenkundig mit den Theorien Johannes Kepplers beschäftigt, der die Existenz von zwei Marsmonden schon in der ersten Hälfte des siebzehnten Jahrhunderts vorhergesagt hatte. Dabei liegen Swifts Mutmaßungen hinsichtlich der Umlaufzeiten erstaunlich nahe an den tatsächlichen Werten.

So sehr Swifts politische Schriften auch das Missfallen der Engländer erregten, so trugen sie ihm auf der anderen Seite Ruhm und Anerkennung in Irland ein. Seine letzten Jahre waren von den verschiedensten Krankheiten gezeichnet. Schon fünf Jahre vor seinem Tod glitt er in einen dementen Zustand ab, ein Schlaganfall nahm ihm schließlich die Kontrolle über seinen Körper. Jonathan Swift starb 1745 im Alter von knapp 78 Jahren und wurde in der Dubliner St. Patrick's Chathedral beigesetzt.

Lentil Pie – Linsenauflauf

Zutaten für 4 Personen: *6 Möhren, 4 Pastinaken, 4 Petersilienwurzeln, ¼ Sellerie, 2 Zwiebeln, 150 g rote Linsen, 1 Dose geschälte Tomaten in Stücken, 800 g Süßkartoffeln, 2 Eigelb, 250 ml Guinness, 3 El Tomatenmark, 100 g geriebener Cheddar, Speiseöl, Pfeffer, Salz*

Zubereitung: *Möhren, Pastinaken, Petersilienwurzeln, Sellerie und Zwiebeln schälen und in kleine Würfel schneiden. Etwas Öl in einem Topf erhitzen und alles Gemüse darin kräftig anbraten. Salzen, pfeffern und das Tomatenmark unterrühren. Mit dem Guinness ablöschen, aufkochen, 5 Minuten lang köcheln lassen und dann die geschälten Tomaten, die Linsen und 200 ml Wasser hinzugeben. 20 Minuten lang köcheln lassen, gelegentlich rühren.*

Die Kartoffeln schälen, in Scheiben schneiden und 15 Minuten lang in Salzwasser garen. Das Linsengemüse noch einmal mit Salz und Pfeffer abschmecken, dann in eine Auflaufform geben und die gut abgetropften Kartoffelscheiben darüberschichten. Den Cheddar mit den Eigelb vermengen auf dem Pie verteilen.

Im vorgeheizten Backofen bei 180°C 30 Minuten lang überbacken.

Am Abgrund – die Cliffs of Moher

Heute besuchen wir eine der bekanntesten Sehenswürdigkeiten Irlands, die Cliffs of Moher. Niemand, der eine Irlandreise plant, kann sich diesem Highlight entziehen, die Fotos der imposanten Klippenformation sind allgegenwärtig. Insgesamt mehr als acht Kilometer lang, ragen sie auf einer Strecke von fünf Kilometern perspektivisch in südwestlicher Richtung in den Atlantik hinein, als wollten sie den Weg bahnen in dessen unbekannte Ferne. Und so waren sie oft der letzte Gruß der Heimat für Auswanderer, die Irland vom Fischerort Doolin aus in Richtung Amerika verließen, während die Daheimgebliebenen ihnen von den Felsen aus hinterherwinkten, wehmütig und voller Abschiedsschmerz.

Eine majestätische Feste hoch über dem Ozean sind sie wohl auch schon für die Menschen gewesen, die am südlichsten Ende des Klippenvorsprungs im ersten Jahrhundert v. Chr. ein Fort errichteten. Dies ist ein ganz besonderer Ort, ehrfurchtgebietend und schaurig zugleich, denn die Klippen ragen an diesem „Hag's Head" genannten Punkt als letzte Bastion des Festlands immerhin hundertzwanzig Meter über dem Meer empor, an drei Seiten von nichts als den Urgewalten des Atlantiks umgeben. Das antike Fort trug den Namen „Mothar", gesprochen „Moher", und gab den Klippen zwar ihren

Namen, musste jedoch während der Napoleonischen Kriege einem Wachturm weichen.

Weiter im Norden erreichen die Klippen von Moher sogar eine Höhe von beeindruckenden 214 Metern. Doch sind sie mitnichten die höchsten Klippen von Irland. Die Slieve League im County Donegal sind mit 601 Metern deutlich höher, und die Klippen des Berges Croaghaun auf Achill Island im County Mayo stürzen sogar auf einer Strecke von 664 Metern zum Meer hinab.

Was ist es, das dessen ungeachtet die Cliffs of Moher zu Irlands berühmtester Steilküste gemacht hat? Ist es allein die bessere Erreichbarkeit, die die Touristenströme hierherzieht? Wer eine Rundreise macht, wird natürlich auch nach Connemara kommen, um dort die berühmte Kylemore Abbey anzuschauen. Schließlich gilt die Benediktinerabtei mit dem Schloss aus dem Jahre 1871 als das „Neuschwanstein von Irland“. Und einmal dort angekommen, trennt den Reisenden nur noch eine rund dreistündige Fahrt vom grandiosen Naturschauspiel der Klippen. Warum sollte man sie also nicht mit in die Route einplanen?

Dem hat die örtliche Verwaltung im County Clare Rechnung getragen und 2007 ein Besucherzentrum mit Multimediaausstellung, Restaurant, Souvenirladen und gebührenpflichtigem Parkplatz eröffnet. Auf letzterem drängen sich die Pkws, Wohnmobile und Reisebusse zusammen, während sich die Touristenströme über die dreihundert Meter langen, befestigten und gesicherten

Wege zu den Klippenrändern hinbewegen. Der Flötenspieler, der am Wegrand melancholische irische Weisen erklingen lässt, bemüht sich redlich, zwischen all den Menschen in ihren ostereierbunten Allwetterjacken ein bisschen mystischen Irland-Zauber heraufzubeschwören.

Plappernd und lachend drängen sich die Touristen auf die Aussichtsplattformen, machen Selfies vor beängstigenden Abgründen und scheinen so von ihrer Begeisterung überwältigt zu sein, dass sie die überall aufgestellten Absperrungen und Verbotsschilder schlicht übersehen. Unbeirrt drängen sie sich daran vorbei und tasten sich Schritt für Schritt weiter vor, immer näher in Richtung Abbruchkante. Während ich sie dabei beobachte, fühle ich fast selbst die Schauer, die ihnen dabei über den Rücken laufen müssen. Auf allen Vieren robben die Waghalsigsten weiter bis ganz ans brüchige Ende der Kante, um beim senkrechten Blick in die atemberaubende Tiefe den Nervenkitzel mit einem weiteren Adrenalinkick bis aufs Äußerste zu steigern.

König der Draufgänger ist ein junger Mann, der weiter vorne in Richtung Hag's Head die Betonabbsperrungen überwunden hat, um ganz bis zur Klippenkante vorzudringen und dort im Lotossitz Platz zu nehmen. In stiller Meditation verharrend blickt er nun hinaus auf den Atlantik und ist scheinbar gänzlich unberührt von seiner hochriskanten Position. Keine Frage, von allen coolen Klippenbezwingern ist er für heute der Allercoolste.

Ihn schreckt es auch nicht ab, dass eine Warntafel aufgestellt ist, auf der ein Foto recht drastisch zeigt, wie ein Stück der Klippenkante zum Meer hinabstürzt. Fast ist man geneigt, den Meditierenden auf das andere Hinweisschild aufmerksam zu machen, auf dem unter der Überschrift „If you want to talk to someone…“ – „Wenn Sie mit jemandem reden möchten…“ – die Telefonnummer der irischen Samaritervereinigung steht. Aber das ist leider gar nicht witzig, denn unter den bis zu eine Million Besuchern, die alljährlich zu den Cliffs of Moher strömen, sind auch immer wieder Lebensmüde. Die dramatische Steilküste war deshalb auch schon die Kulisse für so manches menschliche Drama.

Doch die meisten Touristen zieht es keinesfalls wie die Lemminge in Richtung Abgrund, vielmehr marschieren sie in mehr oder weniger geordneter Reihe bis zum auffälligen O'Brien's Tower, der an der höchsten Stelle emporragt und mit seinem eindrucksvollen Doppelrundturm geradezu für Fotografen gemacht zu sein scheint. Ein irischer Parlamentsabgeordneter ließ ihn 1835 errichten, um seine diversen Verehrerinnen mit dem unvergleichlichen Panorama zu beeindrucken, das sich von der Aussichtsplattform eröffnet. Inzwischen kommen die Touristen gegen geringe Gebühr in den Genuss, dürfen über die Wendeltreppe hinaufsteigen und können so noch heute vom gockelhaften Imponiergehabe des Cornelius O'Brien profitieren.

Völlig unbeeindruckt von der Schar der Ausflügler und der Tiefe des Abgrundes sind allein die unzähligen Vögel, die sich auf den zahllosen Kanten und Vorsprüngen der Klippenwände tummeln. Neben Möwen, Alken, Sturmtauchern und Lummen sind es vor allem die putzig anzuschauenden Papageientaucher, die die Vogelfreunde begeistern. Sie leben in großen Kolonien an den Klippen von Moher, deren Felsspalten sich etwa 30.000 Vögel aus 29 verschiedenen Arten teilen.

Ein gehöriges Gedränge herrscht also nicht nur oberhalb der Klippen, sondern auch an ihnen selbst. Wer die stille Andacht in der Natur sucht, scheint hier ziemlich deplatziert zu sein, es sei denn, er ist von solch stoischem Gemüt wie der einsam Meditierende an der Klippenkante.

Doch es gibt noch eine weitere Art, sich den Klippen anzunähern, ihr wechselndes Farbspiel zu bestaunen und die Kraft von Wind und Wellen zu fühlen, ohne dabei ständig von der Menschenmenge bedrängt zu werden. Das ist dem Engagement und der Beharrlichkeit von Pat Sweeney zu verdanken, einem begeisterten Wanderer aus Doolin. Nach jahrelangen Bemühungen ist es ihm gelungen, die 39 Farmer, deren Weideland bis an die Klippen hinanreicht, davon zu überzeugen, das Betreten ihrer Ländereien zu gestatten und einen Küstenpfad zuzulassen. Zwischen Doolin und Liscannor führt nun ein zwanzig Kilometer langer, weitgehend sicherer Weg entlang der Kante, der „Doolin Cliff Walk". Bloß das beständige

Pfeifen des Windes und das Tosen der Brandung weit unten in der Tiefe begleiten den Wanderer auf diesem einsamen Pfad.

Natürlich nur, wenn man von den Aussichtspunkten im Bereich des Besucherzentrums absieht, an denen dieser Weg vorbeiführt. Schon wieder haben sich ein paar Wagemutige bis zur senkrecht abfallenden Kante nach vorne gerobbt und schießen jetzt Fotos vom schwindelerregenden Abgrund. Und ein Stück weiter wartet der verwegene Meditierer noch immer auf seine Erleuchtung. Allem Weltlichen entrückt hat er inzwischen die Augen geschlossen, die Hände ruhen in Mudra-Haltung auf den Knien, während kreischende Vögel aus den Lüften stürzen und unter ihm an der Felswand verschwinden.

Beeindruckt von all diesen Bildern wenden wir uns vor der Abfahrt noch kurz dem Besucherzentrum zu. Zumindest eine Postkarte für die Daheimgebliebenen soll es sein, doch an der Kasse schiebt sich ein aufgeregter Franzose atemlos zwischen mich und die Kassiererin. Er bittet mich inständig, ihm den Vortritt zu lassen, denn sein Bus sei schon abfahrtsbereit, er komme bestimmt zu spät!

Gerne erfülle ich seinen Wunsch. Und ich nehme die feste Überzeugung mit, dass die spektakulären Cliffs of Moher eher ein quirliger Rummelplatz denn eine Stätte der geistigen Einkehr sind.

Almond Pudding – Mandelpudding

Zutaten: *150 g Mehl, 80 g brauner Zucker, 200 g gemahlene Mandeln, 400 ml Milch, 250 ml Sahne, 120 g Butter, 50 g weißer Zucker, 6 Eier, 8 Eigelb, 8 cl Whiskey, 1 Vanilleschote, Salz, Butter zum Einfetten, Mandelblättchen zum Dekorieren*

Zubereitung: *Die gemahlenen Mandeln in einer Pfanne ohne Fett unter gelegentlichem Rühren rösten, bis sie duften, dann abkühlen lassen. Die Milch in einem Topf erhitzen, aber nicht aufkochen lassen. Die Vanilleschote auskratzen und das Mark sowie die Schote in die Milch geben. Eine Prise Salz und die Hälfte des braunen Zuckers hinzugeben, auflösen und 10 Minuten lang bei milder Hitze ziehen lassen. Dann die Vanilleschote entfernen.*

Die Butter in einem Topf schmelzen und das Mehl darin anschwitzen. Mit der Vanillemilch unter ständigem Rühren ablöschen, aufkochen, danach vom Herd nehmen und die Mandeln unterrühren. Die 6 Eier in Eiweiß und Eigelb trennen. Die Eigelb sogleich kräftig mit dem Schneebesen rührend unter den heißen Pudding mischen. Die Eiweiß mit einer guten Prise Salz und dem restlichen braunen Zucker steif schlagen, anschließend unter den nur noch lauwarmen Pudding ziehen.

Eine Puddingform mit Deckel gut mit Butter einfetten und die Masse hineinfüllen. Mit dem Deckel verschließen und in einen zu zwei Dritteln mit heißem Wasser gefüllten Topf stellen. Bei 160°C eine Stunde lang in den Backofen stellen.

Die 8 Eigelb mit dem Whiskey und dem weißen Zucker in einem Topf verquirlen und langsam erhitzen, nicht kochen lassen. Die Sahne langsam hinzugeben und unter Rühren erhitzen, bis die Sauce dicklich wird.

Den fertigen Pudding auf eine Platte stürzen und mit einem Teil der Whiskeysauce übergießen, den Rest der Sauce separat dazu reichen. Zum Schluss die Mandelplättchen über den Pudding streuen.

Der grüne Rausch – die Sache mit St. Patrick

Irland im März. Der Himmel ist grau verhangen, der Wind treibt kühl-feuchte Luft über das Land. Und doch sind die Iren heute so ausgelassen wie an kaum einem anderen Tag, und nie ist Irland grüner als jetzt: Lá Fhéile Pádraig – St. Patrick's Day! Überall sind Menschen auf den Straßen, sie tragen die ausgefallensten und skurrilsten Verkleidungen, und der große gemeinsame Nenner dieses Mummenschanzes ist die Farbe Grün.

Keineswegs findet hier ein absonderlicher Karneval statt, der in einen grünen Farbtopf gefallen ist. Vielmehr ist es der identitätsstiftende Tag der Iren schlechthin, die stolze und selbstbewusste Zurschaustellung der Zugehörigkeit zum irischen Volk.

Alljährlich am 17. März feiern die Iren ihren Nationalheiligen Patrick. Der Tag ist in ganz Irland gesetzlicher Feiertag und in der liturgischen Ordnung der katholischen Kirche von Irland ein Hochfest, also ein Kirchenfest von höchstem religiösen Rang. Aber nicht nur auf der Insel wird dieser Tag mit grünen Verkleidungen, Paraden und Freudenfesten begangen, irische Auswanderer in der ganzen Welt feiern St. Patrick, und inzwischen schließen sich immer mehr Nicht-Iren der fröhlichen Party an. Es gibt an St. Patrick's Day Paraden nicht nur in Dublin, Cork oder Belfast, sondern in fast jeder irischen Stadt. Aber auch in

New York, Boston, Chicago, Edinburgh, Manchester und London, in Sydney, Auckland, Montreal und in Quebec, sogar in Moskau und in Budapest.

Neben einigen anderen deutschen Städten mischt München seit 1996 jeweils am nächstgelegenen Wochenende kräftig mit. Rund dreißigtausend Teilnehmer machen die Münchner Parade inzwischen zur größten auf dem europäischen Festland. Außer den irischen Tanzgruppen und Folkbands sowie schottischen und englischen Verbänden nehmen auch einige Gruppen deutscher Fans am Festumzug teil. Zu den Höhepunkten gehört die Segnung des „Shamrock", des dreiblättrigen Kleeblatts, das als inoffizielles Nationalsymbol der Iren gilt. Der grüne Rausch nimmt fast überhand, wenn am Vorabend der Parade wichtige Gebäude der Stadt ganz in Grün erstrahlen. So leuchten nicht nur Allianz Arena, BMW Welt und Olympiaturm in grünem Licht, auch das Hofbräuhaus verwandelt sich in einen neongrünen Alien. Grün muss sein, in manchen Städten werden am St. Patrick's Day sogar die Flüsse mit grünem Farbstoff koloriert. Gebäck und Pfannkuchen werden grün gefärbt, und in so manchem irischen Pub fließt giftgrünes Bier aus dem Zapfhahn.

Was hat es bloß auf sich mit diesem heiligen Patrick, dass er ein ganzes Volk in Aufruhr versetzen kann, und das auch noch so ansteckend, dass das St.-Patrick's-Virus scheinbar die halbe Welt infiziert? Wer war dieser charismatische Mann?

Niemand weiß, wann genau der kleine Patrick das Licht der Welt erblickte, aber es muss zur Zeit des Übergangs vom vierten zum fünften Jahrhundert gewesen sein. Das ist schon ziemlich lange her, und so kommt es, dass so gut wie nichts an gesicherten Fakten über das Leben des Nationalheiligen bekannt ist. Seine Geschichte wurzelt im Wesentlichen in den Aufzeichnungen, die er selbst hinterlassen und „confessio" genannt hat. Sein Bekenntnis beginnt er mit den Worten: „My name is Patrick. I am a sinner, a simple country person, and the least of all believers" – „Mein Name ist Patrick. Ich bin ein Sünder, ein einfacher Landmensch und der Geringste von allen Gläubigen."

Patrick, so heißt es, wurde eigentlich Patricius genannt, denn er war der Sohn eines römischen Offiziers. Dieser war in der Provinz Britannia stationiert, und zwar in der Gegend des heutigen Wales. Hier besaß er ein ansehnliches Landgut. Patricks Vater tat sich nicht nur als gewissenhafter Soldat und Verteidiger römischer Rechtswerte und Kultur hervor, sondern auch als gläubiger Christ, der sich in der Kirchengemeinde engagierte. So wuchs der kleine Patrick sowohl mit römischer Bildung als auch als frommer Christ heran.

Doch eines Tages brach eine Katastrophe über die Familie herein. Denn zu jener Zeit hatte das weströmische Reich bereits den Todesstoß erhalten, unaufhaltsam schlitterte es dem Untergang entgegen. Die militärische Kraft, mit der es sich über Jahrhunderte hinweg als Weltmacht behaupte hatte, brach in sich zusammen. Deshalb unterlag der römische Außenposten in Britannia, als plündernde Sklavenjäger einfielen und die kräftigsten jungen Leute ihren Familien entrissen. Unter den Entführten war auch Patrick, der damals gerade sechzehn Lenze zählte. Er wurde nach Irland verschleppt, wo man ihn zum Schafehüten verdonnerte.

Doch Patrick verzweifelte nicht. Er fand Trost und Hoffnung in seinem christlichen Glauben. Und war seine neue Heimat auch noch so ein raues Land, waren seine Herren auch noch so ungeschlachte Barbaren und war das Joch der Sklaverei auch noch so schwer – Patrick lernte Irland zu lieben.

Sechs Jahre lang lebte er schicksalsergeben und verrichtete seinen Dienst, da erschien ihm eines Tages ein Engel, ermutigte ihn zur Flucht und riet ihm, sich dazu an die Küste zu begeben. Patrick schloss sich dort einigen Händlern an, die ihn über das Meer brachten, und er schreibt von einem nicht näher benannten öden und leeren Land, das er danach durchwanderte. Es mag das entrechtete und in großen Gebieten entvölkerte ehemalige Römische Reich gemeint sein, jedenfalls fand Patrick aller Wahrscheinlichkeit nach Zuflucht in einem Kloster, möglicherweise in Gallien. Hier lebte er als Mönch und Priester, bis er eines Nachts mysteriöse Stimmen vernahm, die ihn nach Irland riefen. Dies, dessen war sich Patrick sicher, waren die Stimmen des irischen Volkes. Und warum sollten sie ihn rufen? Natürlich, damit er ihnen die frohe Botschaft des Christentums verkünden könne!

Der Papst persönlich, so will es die Legende wissen, sandte Patrick daraufhin im Jahr 432 als Bischof nach Irland. Und Patrick ließ sich nicht lumpen: Im ganzen Land gründete er Kirchen, Klöster und fromme Schulen. Wo er auch hinkam, bekehrte er die Menschen zum christlichen Glauben. Fast dreißig Jahre lang zog er unermüdlich missionierend über die Insel, und sein Erfolg wirkte so nachhaltig, das Irland bis zum heutigen Tage eine unerschütterliche Bastion des Christentums geblieben ist. Ein wesentlicher Grund dieser nachhaltigen Wirkung liegt in Patricks umfassender Bildung. Er brachte nämlich nicht nur die christliche Lehre nach Irland, vor allen Dingen trug er dafür Sorge, dass die Ereignisse von nun an schriftlich aufgezeichnet wurden. An die Stelle der unzuverlässigen mündlichen Überlieferungen traten jetzt festgeschriebene und damit verbindliche Aufzeichnungen.

So manche Geschichten sind aus dem Leben des frommen Patrick überliefert. Es heißt zum Beispiel, dass er mithilfe seines Bischofsstabes ganz Irland von allen Schlangen befreit habe, und gerne wird die Vertreibung der Schlangen als Beweis für die Wundertätigkeit des Heiligen herangezogen. Doch ob es nach dem Abschmelzen der eiszeitlichen Gletscher in Irland jemals Schlangen gegeben hat, wird von Zoologen bezweifelt. Das Wunder ist wohl mehr bildlich als Vertreibung des heidnischen Gedankenguts zu betrachten. Doch auf den Croagh Patrick, den heiligen Berg im County Mayo an Irlands Westküste, klettern noch heute alljährlich am letzten Sonntag im Juli rund 25.000 Pilger, die meisten davon barfuß. Denn auf dem 764 Meter hohen Gipfel dieses Berges soll Patrick vierzig Tage lang gefastet haben, um dann eine Glocke den Hang hinunterzuwerfen. Damit, so ist es überliefert, habe er die Schlangen endgültig in die Flucht getrieben. Welche Rolle der Bischofsstab dabei gespielt hat, weiß ich allerdings nicht.

Als Patricks Todestag ist der 17. März 461 überliefert, doch auch dieses Datum gilt nicht als gesichert. Sein Grab befindet sich bei der Kathedrale von Downpatrick, einem nordirischen Städtchen südlich von Belfast, das in der Nähe der Ostküste liegt.

Was insgesamt wie eine schlüssige Geschichte klingen mag, ist jedoch in der Wissenschaft ziemlich umstritten. Einzelne Historiker bezweifeln Patricks Herkunft und vermuten, dass er aus einer Gegend im Westen des schottischen Midland Valley kam. Viele andere sehen in den überlieferten Geschichten eine Vermischung aus Ereignissen, die in Wirklichkeit zwei oder sogar mehreren verschiedenen Personen zugeordnet werden müssen. Vielleicht lässt sich niemals klären, wie viel die Überlieferungen um den Heiligen Patrick mit seinem tatsächlichen Leben zu tun haben und was sich wirklich ereignet hat, damals, vor fast sechzehnhundert Jahren. Aber spielt das eine Rolle?

Angesichts der feiernden Menschen am St. Patrick's Day mit ihrer ansteckenden Fröhlichkeit verblassen die historischen Fragen. Dann zählt nur noch die pure Freude daran, ein Ire zu sein oder sich zumindest einen Tag lang so zu fühlen.

Da ist das rothaarige Mädchen mit der übergroßen grünen Brille, die mit ebenfalls grünen Koboldhüten und Kleeblättern geschmückt ist, oder die Frau im grünen Koboldkostüm, die sich grüne Kleeblätter auf die Wangen geschminkt hat. Ein vornehmer Herr tritt im grünen Frack und mit ebensolchem Zylinder auf, und selbst der Irische Wolfshund trägt heute einen grünen Schal. Eine Schar Jugendlicher mit grün gefärbtem Haar läuft ungeachtet der kühlen Temperaturen lachend im kurzärmeligen T-Shirt vorbei, natürlich sind die Shirts knallgrün und dazu mit lustigen Leprechaun-Kobolden bedruckt.

Bleibt noch eine Frage: Warum ausgerechnet Grün?

Die Antwort darauf ist nicht so leicht zu finden und führt uns wieder an den Abgrund der Spekulation. Es heißt, dass Patrick Kleeblätter verwendete, um den Iren die christliche Dreifaltigkeit zu erklären. So avancierte nicht nur das Kleeblatt als „Shamrock" zum Nationalsymbol, sondern auch gleich seine Farbe mit dazu.

Doch vielleicht begann der wirkliche Siegeszug der Farbe auch erst viel später. Im Lauf der ständigen Versuche der Iren, sich von der englischen Vorherrschaft zu befreien, kam es im Jahr 1798 wieder einmal zu einer Rebellion, dieses Mal mit französischer Unterstützung. Für wenige Wochen witterten die Iren Morgenluft und erklärten das Kleeblatt und die grüne Farbe zum Symbol ihrer nationalen Zugehörigkeit.

Oder ist die irische Vorliebe für Grün am Ende einfach der Tatsache geschuldet, dass eine grünere Insel als Irland kaum vorstellbar ist? Hier gibt es keine Jahreszeiten mit dramatischen Temperaturunterschieden. Dank des Golfstroms ist es immer relativ mild und feucht, deshalb bietet Irland optimale Wachstumsvoraussetzungen für so mancherlei Grüngewächs. Betrachtet man die Insel von oben, so sieht man eine einzige grandiose Komposition in Grün. Denn das Gras wächst hier ganzjährig, wenn auch in unterschiedlichem Tempo. Und wo mal kein Gras wächst, da gedeihen stattdessen Farne und Moose. Die grauen Ruinen der alten Klöster, die keltischen Kreuze und die Mauern der Burgen sind von grünlichem Schimmer überzogen, genau wie die Baumstämme oder die Fassaden der Häuser. „Forty Shades of Green" – „vierzig Schattierungen von Grün" – wie Irland einst von Johnny Cash in einem populären Schlager besungen wurde.

Es ist eben die grüne Insel.

St-Patrick's-Pancake – St.-Patricks-Pfannkuchen

Zutaten für 4 Personen: *200 g Mehl, 250 ml Milch, 200 ml Sahne, 3 Eier, 8 cl Baileys (irischer Whiskey-Sahne-Likör), 2 aromatische Äpfel (möglichst rotwangig), Saft von 1 Zitrone, 1 Pck. Vanillezucker, 1 Tl grüne Lebensmittelfarbe, Salz, Bratfett, Puderzucker, ein paar Blättchen frische Minze*

Zubereitung: *Milch, Eier, die Hälfte des Baileys und eine Prise Salz gut miteinander verquirlen, dann das Mehl hinzusieben und alles zu einem glatten Teig verrühren. 20 Minuten lang quellen lassen.*

Die Äpfel waschen, vierteln, entkernen, aber nicht schälen. Danach längs in Scheiben schneiden und mit dem Zitronensaft beträufeln.

Die Sahne zusammen mit dem Vanillezucker, der Lebensmittelfarbe und dem restlichen Baileys schlagen, bis sie fast steif ist.

In einer Pfanne (ca. 16 cm Durchmesser) etwas Bratfett erhitzen und ¼ der Apfelscheiben hineinlegen. Mit ¼ des Pfannkuchenteigs übergießen und 2 Minuten lang braten, dann vorsichtig wenden und noch einmal 2 Minuten lang braten. Aus der Pfanne nehmen und im auf 80°C vorgeheizten Backofen warm stellen. So weiterverfahren, bis alle 4 Pfannkuchen gebraten sind.

Dann je einen Pfannkuchen auf einen Teller legen, mit Puderzucker bestäuben und ¼ der grünen Sahne daraufgeben. Zusammenklappen, noch einmal mit Puderzucker bestäuben, mit Minzeblättchen dekorieren und servieren.

Der Albtraum des James Joyce – ein Besuch in Dublin

Während unseres Aufenthaltes in Irland wohnen wir für ein paar Tage in Bray, einem ehemals wohl recht mondänen Städtchen an der Ostküste, dessen Uferpromenade den Charme vergangener Grandezza noch erahnen lässt. So ist denn auch unser Hotel ein altes Backsteingemäuer im Zuckerbäckerstil. Die Patina vieler Jahrzehnte hat sich über dicke Teppichböden und über die schweren Ledersessel in der Hotelbar gelegt. Unser Zimmer hat zwar eine herrliche Aussicht aufs Meer, doch das mehr als hundert Jahre alte Fenster lässt sich kaum öffnen. Dazu muss man es nach oben schieben, aber der Rahmen, immer wieder aufs Neue mit inzwischen vergilbtem Lack überstrichen, ist so schwer, dass wir ihn zu zweit kaum hochwuchten, geschweige denn danach irgendwo arretieren können.

Dennoch genießen wir die Abende in Bray, wenn wir von unseren Touren zurückgekehrt sind und noch einen Spaziergang am Meer machen, über das sich die sanften Pastellfarben der Abenddämmerung legen. Oder wenn wir in der Open-Air-Bar am Ufer einkehren, in der bei fröhlicher, wenn auch nicht unbedingt irischer Life-Musik gefeiert wird.

Ein Ire, mit dem wir ins Plaudern kamen, hat uns auf einen weiteren Vorteil aufmerksam gemacht: Gleich um die Ecke befindet sich der Bahnhof von Bray, und von dort aus benötigt der Zug gerade mal eine knappe halbe Stunde bis ins Zentrum von Dublin. Ein guter Grund, das Auto dieses Mal stehenzulassen und uns ganz bequem von der Eisenbahn zu unserem Ausflug in die Hauptstadt schaukeln zu lassen!

Während wir also an der Küste entlang in Richtung Norden rattern, denke ich über den Iren nach, der uns diesen Tipp gegeben hat. Er ist nicht der einzige, der uns überaus freundlich begegnet ist. Wo immer wir auch hinkommen, bestätigt sich der Eindruck, dass die Iren ausgesprochen liebenswürdige und zuvorkommende Leute sind.

Und als mein Mann und ich uns über diese Beobachtung unterhalten, schaltet sich der uns gegenübersitzende Bahnreisende in unser Gespräch ein und gibt uns ein paar weitere Tipps in ziemlich perfektem Deutsch. Er ist zwar gebürtiger Dubliner, aber seine Mutter ist Schweizerin, erklärt er seine Sprachkenntnisse. Nun habe ich gleich zwei Gründe zur Freude: Erstens, dass ein weiterer Ire unsere Theorie bezüglich der irischen Freundlichkeit bestätigt, und zweitens, dass er mich nicht dabei erwischt hat, auf Deutsch despektierlich herumzulästern, ganz im Vertrauen darauf, von niemandem verstanden zu werden.

Je weiter wir uns der Stadtmitte von Dublin nähern, desto grauer und hässlicher rücken die Gebäude zusammen. Wir verlassen den Bahnhof, um uns auf einem unansehnlichen und ziemlich chaotischen Vorplatz wiederzufinden. Unwillkürlich muss ich an James Joyce denken, den großen

Schriftsteller, der mit seinen Werken „Dubliner", „Ulysses" und „Finnegans Wake" in die Literaturgeschichte eingegangen ist.

Obwohl in Dublin geboren und aufgewachsen, verließ er Irland 1904 im Alter von 22 Jahren und kehrte nur noch wenige Male zu kurzen Besuchen dorthin zurück, zuletzt acht Jahre später und danach nie wieder. Zu tief saß nämlich die Abscheu, die er seiner Heimat gegenüber empfand. Er bezeichnete Irland gar als die „Sau, die ihre Jungen frisst". Doch weit mehr noch als das Land muss ihn die Hauptstadt selbst mit Widerwillen erfüllt haben, er beschimpfte Dublin als widerwärtig, als Stadt des Versagens und der Unglückseligkeit, mit ekelhaften Einwohnern, die er verachte und hasse.

Wenn ich mich nun umschaue und meine ersten Eindrücke von Dublin bewerte, dann kann ich zumindest seine Vorbehalte gegenüber dieser Stadt irgendwie nachvollziehen. Da helfen auch die paar Glitzerbauten in der Hafen City nicht, wo die verlassenen Docklands nach dem Vorbild anderer Städte im neuen Glanz erstrahlen. Aber der Rest von Dublin zeigt sich grau, hektisch, unübersichtlich, heruntergekommen und schrecklich schmuddelig. Das mag zumindest zum Teil daran liegen, dass gerade eine neue Straßenbahnlinie gebaut wird, die quer durch die Innenstadt verlaufen wird und selbige derzeit in eine einzige Großbaustelle verwandelt. Wie gut, dass wir auf unser Auto verzichtet haben.

Doch als Fußgänger sind wir in unserem Bewegungsradius einigermaßen eingeschränkt, und deshalb entschließen wir uns dazu, eine Rundfahrt mit einem der grünen Hop-on-Hop-off-Busse zu machen. Drei Stunden lang schaukelt uns dieser Bus nun durch das Häusergewirr von Dublin, und wir sind heilfroh, nicht selbst fahren zu müssen.

Leider bleiben unsere positiven Eindrücke auch auf dieser Fahrt eher bescheiden, die Stadt zeigt sich schäbig, düster und schmutzig. Dieses Gesamtbild untermauert die Guinness-Brauerei, die mit ihren klobigen Bauten einen Großteil der Stadtfläche einnimmt und so omnipräsent ist, dass wir immer wieder an ihr vorbeikommen. Fast wie ein Rom, zu dem alle Wege führen.

Schließlich sind wir erschöpft von den vielen dumpfen Grautönen im urbanen Zentrum der grünen Insel und vom kühlen Fahrtwind auf dem offenen Oberdeck. So verlassen wir den Bus am Ufer des Flusses Liffey, um uns im legendären Vergnügungsviertel Temple Bar von der Rundfahrt zu erholen.

Dieses Stadtviertel trägt seinen Namen schon seit 1673, und niemand weiß genau, wie es dazu gekommen ist. Lag es an William Temple, dem Dekan des Dubliner Trinity Colleges, der seinerzeit hier wohnte? Oder stand die Schranke „Temple Bar“ Namenspate, die vormals in London eine wichtige Machtgrenze für den Übergang vom Regierungsviertel zur Innenstadt markierte? Sicher ist nur, dass zu jener Zeit noch niemand an ein Vergnügungsviertel dachte. Temple Bar war ein recht vornehmes innerstädtisches Wohnviertel, in dem auch solch kulturelle Highlights wie die Uraufführung von Händels Messiah am 13. April 1742 geboten wurden. Doch schon bald darauf folgte der Niedergang. Temple Bar verkam im Laufe des achtzehnten Jahrhunderts zusehends zum Rotlichtviertel. Dessen Popularität verblasste im neunzehnten Jahrhundert und hinterließ dem zwanzigsten Jahrhundert einen völlig desolaten Stadtbezirk, gezeichnet vom allgegenwärtigen Verfall. Noch in den Achtzigerjahren des letzten Jahrhunderts wurde beabsichtigt, das gesamte Viertel zugunsten einer großen Bus-Endstation dem Erdboden gleichzumachen.

Während der Planungsphase dieses Großprojekts wurden die Häuser in Temple Bar für kleines Geld vermietet, um vor dem Abriss noch ein paar Einnahmen in die Taschen der Investitionsgesellschaft zu spülen. Wegen der günstigen Mietpreise kamen vornehmlich Künstler, Studenten und junge Kreative. Und diese Leute brachten neues Leben nach Temple Bar, überall entstanden Läden, Galerien und kleine Kneipen. Schließlich verbündete man sich mit den verbliebenen Alteingesessenen zum Protest gegen den Abbruch, und das mit Erfolg. Temple Bar mauserte sich zum Szeneviertel Dublins mit zahlreichen Kultureinrichtungen wie dem irischen Fotografiezentrum, einem Kinderkulturzentrum, dem irischen Filminstitut, kleinen Museen, Studios und vielem mehr.

Mit den Kulturbeflissenen kamen immer mehr Kneipen, und diese wiederum lockten auch zunehmend Touristen in die vormals finstere Gegend. Das brachte Geld nach Temple Bar, und immer mehr grau-bröckelnde Fassaden verschwanden unter frischem Anstrich. Üppige Blumenkästen sorgen an vielen Häusern zusätzlich für bunte Pracht. Herz des Viertels ist die 1840 gegründete „Temple Bar“, ein schummriger Pub mit gigantischer Whiskey-Kollektion, traditionellem Austernessen und natürlich authentischer irischer Life-Musik. Nicht zu vergessen die zahllosen bierseligen Touristen, die hier zu jeder Tageszeit anzutreffen sind.

Richtig los geht es natürlich erst nach Einbruch der Dunkelheit, wenn sich Scharen von Nachtschwärmern durch die Gassen von Temple Bar drängen. Hier finden sich alle zusammen, Einheimische und Besucher, wobei letztere ganz offensichtlich deutlich in der Überzahl sind.

Deshalb haben wir auch nichts anderes als eine große Touristenfalle erwartet und sind überrascht, dass wir trotzdem ein paar klischeehaft-schöne Eindrücke mitnehmen können, wie aus dem Irland-Bilderbuch entsprungen. Da scherzen dralle rothaarige Mädchen in bunten Kleidchen miteinander, während die dazugehörigen Jungs an der Theke ein weiteres Pint bestellen und vor dem Podium in der Kneipe eine feuchtfröhliche Truppe ausgelassen zu beschwingten Geigenklängen tanzt. In einer Seitengasse hat sich eine Band an einer Hauswand niedergelassen und die

Instrumente auf dem Boden abgestellt. Abseits des großen Trubels erholen sich die Musiker nun erst mal bei einem Bierchen. Und in all dem Rummel von Temple Bar finden wir auch noch ein kleines irisches Restaurant mit wirklich guter Küche!

Oysters with Cucumber Salad – Austern mit Gurkensalat

Zutaten für 4 Personen: *24 frische Austern, 2 Salatgurken, 1 Bd. Schnittlauch, 2 unbehandelte Zitronen, 4 cl Whiskey, 2 Tl brauner Zucker, Salz, Pfeffer, zerstoßenes Eis*

Zubereitung: *Die Enden der Gurken entfernen und die Gurken sehr dünn schälen. Danach der Länge nach aufschneiden, entkernen und das Fruchtfleisch in ganz kleine Würfelchen schneiden. Die Zitronen waschen, 1 El vom äußeren gelben Schalenanteil fein abreiben, danach die Zitronen auspressen. Den Schnittlauch in sehr feine Röllchen schneiden. Gurkenstücke, Zitronensaft und -schalenabrieb, Whiskey, Zucker und Schnittlauch miteinander vermischen, salzen und pfeffern.*

Die Austern öffnen, indem man ein Messer zwischen die beiden Schalenhälften schiebt, den Schließmuskel von der oberen Schale abtrennt und die obere Schale dann aufhebelt. Danach werden die Austern auf dem zerstoßenen Eis angerichtet und sofort mit dem frischen Gurkensalat serviert. Man löst zum Verzehr das Austernfleisch mithilfe einer Austerngabel vom verbliebenen Teil des Schließmuskels in der unteren Schale und gibt jeweils vor dem Schlürfen ein wenig Gurkensalat auf die Austern.

Dazu passt knuspriges Baguette, aber, wenn es sein muss, natürlich auch Brown Bread.

Irland zum Gruseln – von Vampiren und anderem Gesindel

Unaufhaltsam nähert sich die Sonne dem Horizont. Wie ein dunkler Schleier legt sich die Dämmerung über das Land. Inmitten endloser, finsterer Wälder ragt nur das verwitterte Gemäuer einer alten Burg empor. Es erstrahlt ein letztes Mal im Licht der untergehenden Sonne, bevor es von der Dunkelheit umschlungen wird. Der Lichtstrahl, der eben noch in das düstere Kellergewölbe drang, zieht sich allmählich zurück. Hier, in einer verborgenen Nische, steht ein hölzerner Sarg. Und als endlich das graue Zwielicht die Nische verlassen hat, da hebt sich langsam und knarzend der Deckel des Sarges. Eine bleiche Hand kommt hervor, schiebt ihn mit knochigen Fingern Stück für Stück beiseite, und bald gibt er eine unheimliche Gestalt im schwarzen Umhang frei…

Wer hat sich nicht schon wohlig gegruselt, wenn diese oder ähnliche Szenen über die Leinwand flimmerten? Denn dieses Bild entstammt dem Horrorklassiker schlechthin, Bram Stokers „Dracula“. Die gruselige Geschichte um den transsilvanischen Vampir wurde oftmals verfilmt, doch vielleicht nie so eindringlich wie mit dem großartigen Christopher Lee. Und deshalb haben wir alle sein Gesicht vor Augen, wenn wir an Graf Dracula denken.

Dabei war es eigentlich der Shakespeare-Schauspieler Henry Irving, der für Draculas Äußeres Pate stand. Niemand anderes als dessen Agent Bram Stoker hatte sich die Geschichte ausgedacht und zu Papier gebracht, doch als Stoker Irving vorschlug, die Rolle des Vampirs auf die Bühne zu bringen, da lehnte dieser kopfschüttelnd ab. Als ernsthaftem Charakterdarsteller erschien ihm das Blutsaugermärchen viel zu seicht. Enttäuscht packte Stoker sein Buch wieder in die Schublade und sah von einer Aufarbeitung des Stoffs fürs Theater ab. Den gigantischen Erfolg seines Werks sollte er nicht mehr miterleben. Bram Stoker starb 1912 an den Folgen mehrerer Hirnschläge. Bis zuletzt hatte er in ziemlich bescheidenen Verhältnissen gelebt.

Zwar war sein Hauptwerk „Dracula" schon 1897 erschienen, doch der Erfolgszug der romantischen Gruselsaga setzte sich nur langsam in Gang. Dabei hatte Stoker den Geschmack seiner Epoche eigentlich recht genau getroffen: Schauergeschichten waren in, vor allem, wenn sie in einem Geflecht von alten Schlössern, grausamer Vergangenheit und zarten Liebesromanzen spielten. Dieses Potenzial der Story hatte Stoker sogleich erkannt, als er einem ungarischen Professor begegnete, der ihm von der Legende des Siebenbürger Fürsten Vlad III. Drăculea erzählte. Sieben Jahre lang arbeitete Stoker daran, aus den Gerüchten um diesen grausamen Unhold den untoten Grafen Dracula zu gestalten.

Bram Stoker wurde 1847 in Clontarf geboren, einem Hafenort, der heute zu Dublin gehört. Als Kind litt er an einer mysteriösen Krankheit, die von Lähmungserscheinungen begleitet war. Bis zum Alter von sieben Jahren konnte Stoker nicht ohne Unterstützung stehen, geschweige denn laufen. Seine plötzliche Heilung blieb für die Ärzte genauso rätselhaft wie die Erkrankung selbst. Doch erklärt dieses Schicksal Stokers zentrale Themen: die lähmende Starre in todesähnlichem Schlaf, der Tod selbst und die Auferstehung der Untoten.

Wenig erstaunlich ist auch, dass es ausgerechnet ein Ire gewesen ist, der den Inbegriff aller Horrorcharaktere erschaffen hat. Denn Irland besitzt einen reichen Schatz an uralten Mythen, Märchen und natürlich auch Geistergeschichten.

So liegen im County Limerick die Ruinen eines längst verlassenen Klosters, der Saint Katherine's Abbey, auch bekannt unter dem klangvollen Namen „Monisternagalliaghduff". Es heißt, dass Papst Urban VIII. das Kloster Anno Domini 1640 auflösen ließ, weil die Äbtissin in einer geheimen Kammer obskuren Hexenkünsten nachging. Und nicht nur das, man munkelt, dass sie entgegen ihrem Gelübde auch ein ausschweifendes Liebesleben führte. Nach Auflösung des Klosters blieb sie alleine dort zurück und versteckte sich in der Sakristei. Hier soll sie uralt geworden sein, so alt, dass ihre Haut am Ende ganz schwarz war. Und wer weiß, vielleicht haust sie noch immer in dem verfallenen Gemäuer und treibt dort ihr Unwesen. Jedenfalls fand man durch die Jahrhunderte hindurch immer wieder Skelette in der Umgebung des Klosters, ohne je herauszufinden, woher diese kamen und von welchen Menschen sie stammten.

Die Äbtissin spukt aber keineswegs alleine in dem alten Gemäuer. Denn schon viele Jahre vor ihr hatten der Earl und die Countess of Desmond bei den frommen Schwestern Schutz vor ihren Feinden gesucht. Sie wurden verfolgt und erreichten gerade eben das rettende Kloster, da traf in der letzten Sekunde ein Pfeil die Countess und verletzte sie schwer. Der Earl, im Glauben, seine Gemahlin habe das Zeitliche gesegnet, ließ sie unter dem Altar in der Klosterkapelle bestatten. Doch die Unglückliche war gar nicht tot. Sie erwachte kurz darauf und fand sich selbst lebendig begraben. Ihre Schreie des Grauens sollen in stürmischen Nächten manchmal noch heute in den Mauern von Saint Katherine's Abbey widerhallen.

Loftus Hall, ein einsames Haus auf der Halbinsel Hook ganz im Süden von Irland, gilt sogar als das am häufigsten heimgesuchte Gebäude des ganzen Landes. Das Unheil nahm eines Tages im achtzehnten Jahrhundert seinen Lauf, als Anne, die Tochter des Hausherrn, spätabends einen fremden Gast empfing. Er behauptete, bei heftigem Sturm mit seinem Schiff in Seenot geraten zu sein, und bat Anne um Zuflucht in Loftus Hall. Das gutherzige Mädchen ließ dem Fremden zunächst ein Essen servieren, im Anschluss daran vertrieb sie sich die Zeit beim Kartenspiel mit dem nächtlichen Gast. Dabei rutschte diesem versehentlich eine Karte unter den Tisch. Anne, höflich und wohlerzogen, bückte sich, um die Karte aufzuheben. Da sah sie mit Grauen, dass ihr Spielpartner anstelle der Füße gespaltene Hufe besaß! Entsetzt schrie sie auf. Dieser Mann war der Leibhaftige persönlich! Ihr Schrei erschreckte den Unheimlichen, er fuhr in die Höhe und verschwand mit Poltern und Getöse durch die Zimmerdecke hindurch. Das Loch, das er dabei hinterließ, konnte niemals mehr repariert werden.

Das Mädchen fiel in eine katatonische Starre, aus der es sich zeitlebens nicht mehr zu lösen vermochte. Den Rest ihrer Tage verbrachte Anne in einem Sessel, und als sie starb, war sie so steif, dass sie in sitzender Position beerdigt werden musste. Das Haus jedoch wurde fortan von ihrem Geist heimgesucht, zu dem sich noch ein Poltergeist gesellte. Der Spuk war so schlimm, dass kein Exorzist ihm etwas anhaben konnte. Deshalb entschloss man sich 1871, das Gebäude niederzureißen und ein neues Haus an dessen Stelle zu errichten. Doch es half nichts. Auch in das neue Haus kehrten die Geister wieder ein. So gab die Familie schließlich auf und überließ ihr Haus 1917 einer Gruppe von Mönchen. Die Mönche ertrugen den Spuk bis 1983, danach lag das Haus verlassen an der Küste. Doch inzwischen hat man den Wert dieses Geisterhauses längst zu schätzen gelernt, heute steht es Besuchern offen und ist Schauplatz manch gruseliger Veranstaltungen.

Ein anderes Spukhaus, das Seaforth House, findet man im Nordwesten Irlands im County Sligo. Im Schatten des Berges Knocknarea liegt es dort an der Sligo Bay. Vor gut hundert Jahren gehörte es einem weitgereisten Archäologen, der von seinen Exkursionen in den Orient geheimnisvolle Waffen und auch einige Mumien mitbrachte. Doch kaum hatte er diese Dinge im Haus untergebracht, da begannen sich Poltergeister in den Räumen zu regen. Unheimliche Gestalten huschten durch die Flure, und schrecklicher Lärm erschütterte die Mauern so sehr, dass das ganze Gebäude zu beben begann. Eine schattenhafte Gestalt erschreckte den Gärtner mit ihrem wahnsinnigen Lachen sogar zu Tode. Es dauerte nicht lange, und das Personal kündigte angesichts dieser fürchterlichen Vorkommnisse, die sich auch durch die Anwesenheit eines Geistlichen nicht beenden ließen. Das Haus wurde schließlich verkauft, doch auch die neuen Besitzer erlebten Heimsuchungen. Ein Jesuit, der damals vergeblich zu Hilfe gerufen worden war, bestätigte die Schrecken noch in einem Zeitungsinterview von 1970. Heute bietet das Haus einen durch und durch schauderhaften Anblick, wie es verlassen und verfallen an der Küste liegt. Wer wagt es, eine Nacht in dem schaurigen Gemäuer zu verbringen?

Außer mit Poltergeistern, Geisterkutschen, Werwölfen, Hexen und manch anderem grauslichen Gelichter hatte Irland auch mit Vampiren zu kämpfen. Bei Knockvicar im County Roscommon entdeckte man ein Grab mit drei Skeletten. Die männlichen Toten waren auf bemerkenswerte Art bestattet worden, denn man hatte zweien von ihnen schwere Steine in die Münder gezwängt, dem anderen einen Felsbrocken auf der Brust platziert. Offenbar fürchtete man, die Toten könnten wieder zurückkehren. Waren sie etwa Vampire? Der wirkliche Hintergrund dieser Geschichte wurde mit den Männern begraben, sie ruhen hier schon seit dem siebten Jahrhundert vor unserer Zeitrechnung. Wer weiß, welches Unwesen sie zu Lebzeiten getrieben haben? Quälten sie ihre Mitmenschen, so wie es der kleinwüchsige Abhartach getan haben soll, ein schrecklicher Tyrann, der wegen seiner barbarischen Grausamkeit gefürchtet war?

Abhartach lebte einst in der Gegend von Derry. Er war kein gewöhnlicher Zwerg, nein, Abhartach war ein Zauberer, und er nutzte seine schwarze Magie, um sich die Menschen gewaltsam untertan zu machen. Doch eines Tages endlich gelang es dem Riesen Fionn MacCumhaill, einem Stammesführer, den bösen Zwerg zu töten. Man bestattete Abhartach in stehender Position, so wie es damals üblich war. Aber schon am nächsten Tag erwachte er von den Toten und kehrte zurück, nun grausamer denn je. Es heißt, dass er jetzt Menschen überfiel, um ihnen das Blut auszusaugen.

MacCumhaill tötete ihn bald darauf noch einmal, doch die Geschichte wiederholte sich. Abhartach kehrte als Blutsauger zurück. Verwirrt zog MacCumhaill einen Druiden zu Rate. Dieser empfahl ihm, den Zwerg beim nächsten Mal kopfüber zu beerdigen, um so den Fluch zu brechen. Wieder erschlug MacCumhaill den boshaften Wicht, tat, wie ihm geheißen, und tatsächlich kehrte Abhartach nie mehr zurück. Das Grab des Finsterlings ist bis heute erhalten, es sind die Slaghtaverty Dolmen in der Nähe der Ortschaft Garvagh in Nordirland, die auch „The Giant‘s Grave“ genannt werden. So finster die Geschichte um den grässlichen Abhartach auch sein mag, sein Grab ist recht unauffällig und besteht nur aus einem großen und zwei kleineren Steinen unter einem Hagedornstrauch.

Vermutlich hat auch die alte Geschichte vom blutsaugenden Abhartach Bram Stoker zur Gestalt des Grafen Dracula inspiriert. Er vermischte Elemente aus der irischen Legende mit dem, was der ungarische Professor ihm über Fürst Drăculea aus Transsilvanien erzählte. Bram Stoker konnte nicht ahnen, dass er damit dem berühmtesten Vampir aller Zeiten aus dem Grab helfen sollte. Und Graf Dracula wird sicherlich nie wieder gänzlich in diesem Grab verschwinden. Denn inzwischen gibt es nicht nur eine Bühnenfassung der Geschichte: Der Bogen von mehr als fünfundzwanzig Verfilmungen spannt sich von „Nosferatu“ aus dem Jahr 1922 über „Andy Warhols Dracula“ von 1974 bis hin zu „Dracula Untold“ aus dem Jahr 2014, und mit Sicherheit wird diese Liste in Zukunft noch erweitert werden.

Graf Dracula macht seinem Ruf als Vampir alle Ehre, denn ganz offensichtlich hat er auch seinem Schöpfer Bram Stoker zur Unsterblichkeit verholfen.

Chicken ‚n' Guinness – Hähnchen mit Guinness

Zutaten für 4 Personen: *ein Brathähnchen, ½ Kopf Weißkohl, 6 Möhren, 8 Kartoffeln (festkochend), ¼ Sellerieknolle, 2 Zwiebeln, 2 Knoblauchzehen, 2 süße Äpfel, 0,6 l Guinness, 3 El Tomatenmark, 2 El flüssiger Honig, Paprikapulver (edelsüß), Speiseöl, Salz, Pfeffer*

Zubereitung: *Das Hähnchen in 8 Teile zerteilen, waschen und trockentupfen. Mit Salz, Pfeffer und Paprikapulver würzen. In einer Pfanne etwas Öl erhitzen, die Hähnchenteile darin ringsum scharf anbraten, dann beiseitestellen.*

Zwiebeln, Knoblauch, Möhren, Sellerie und Kartoffeln schälen und alles in Würfel schneiden. Die Äpfel halbieren, entkernen, schälen und ebenfalls in Würfel schneiden. Den Kohl putzen, waschen und in dünne Streifen schneiden.

In einem Bräter etwas Öl erhitzen und Zwiebeln, Möhren, Knoblauch und Sellerie darin anbraten, bis das Gemüse zu bräunen beginnt. Dann den Kohl und das Tomatenmark hinzugeben und unter Rühren 5 Minuten lang mitbraten. Mit Salz und Pfeffer würzen, mit dem Guinness ablöschen. Kurz aufkochen, nun erst die Kartoffel-, dann die Apfelwürfel darüberschichten, noch einmal salzen und pfeffern, und zuletzt die Hähnchenteile oben auflegen, sodass die Hautseite zuoberst liegt.

Den Bräter mit dem Deckel verschließen und 45 Minuten lang in den auf 180°C vorgeheizten Backofen stellen. Dann den Deckel abnehmen und die Oberseite der Hähnchenteile mit dem Honig bepinseln. Zurück in den Backofen schieben, die Grillfunktion hinzuschalten und ca. 5 Minuten lang grillen, bis die Oberseite der Hähnchenteile goldbraun ist.

Der Junge mit dem Molotowcocktail – auf Spurensuche in Derry

Es ist Abend in Derry. Ein paar Straßenlaternen streuen Tupfen von verhaltenem Orange in den dunkelblauen Dunst zwischen den monotonen Reihen der Mietshäuser. Ewig gleich wirken diese Gebäude, wie die Kasernen gut geordneter Kleinbürgerlichkeit.

Doch jählings unterbricht ein krasses Bild die einschläfernde Konformität. Durch grellweiße Scheinwerfer angestrahlt schaut ein Knabe von der Giebelwand eines Hauses herunter. Sein Bildnis füllt die ganze Wand. Er versteckt sein Gesicht hinter einer Gasmaske. In der rechten Hand hält er ganz beiläufig, so als sei es vollkommen selbstverständlich, einen Molotowcocktail.

„Das ist eine Momentaufnahme aus dem Jahr 1969", erklärt Niall und blickt mit unverhohlenem Stolz hinüber zu dem Wandbild. Niall ist ein Ire wie aus dem Bilderbuch, rothaarig und mit dichtem, struppigem Vollbart. Er mag etwa Mitte fünfzig sein, und kurz durchzuckt mich der Gedanke, dass Niall selbst der Junge mit dem Molotowcocktail sein könnte. Aber ich traue mich nicht, ihn zu fragen. Niall hat sich dazu bereit erklärt, mich durch Bogside zu führen, den früheren Brennpunkt von Derry. Ich will ihn erst einmal erzählen lassen.

„Am 12. August 1969 stürmten Protestanten den Stadtteil Bogside. Wir Katholiken haben uns verbarrikadiert, tagelang gab es immer wieder Straßenschlachten. Dann flog eine Handgranate in die Polizeistation, woraufhin die Polizei mit gepanzerten Wagen und Maschinengewehren gegen uns anrückte. Ein Querschläger aus einer dieser Waffen tötete einen neunjährigen Jungen." Nialls Stimme bebt, als er davon berichtet. „In den beiden darauffolgenden Tagen starben acht weitere Menschen. Ganze Straßenzüge in den katholischen Vierteln brannten nieder. Bewohner wurden aus ihren Häusern vertrieben. Die britische Armee kam schließlich zu Hilfe. Sie sorgte erst einmal für Ruhe, aber sie hatte kein Konzept, wie es längerfristig weitergehen sollte. Es bildeten sich Ghettos, in denen entweder nur Katholiken oder nur Protestanten lebten. Schließlich kam es so, dass die katholischen Republikaner das Militär als verlängerten Arm der britischen Regierung betrachteten und somit als Unterstützung für die protestantischen Loyalisten." Loyalisten, so erfahre ich, sind die treuen Anhänger der britischen Krone, die den nach Unabhängigkeit strebenden Republikanern in scharfer Konfrontation gegenüberstehen.

„Das Bild haben wir schon 1994 gemalt", fährt Niall fort. „Aber die Beleuchtung gibt es noch nicht lange. Wir haben die Stromversorgung der Straßenlaternen dazu angezapft", fügt er mit einem verschmitzten Grinsen hinzu. „Bisher hat die Stadt das geduldet. Wir werden ja sehen, wie es weitergeht." Bei diesen Worten verändert sich sein Gesichtsausdruck. Grimmige Entschlossenheit ist es nun, die sein Blick verrät. Es scheint, dass Niall ein Rebell ist, ein mühsam gezähmter Anarchist. Und jede seiner Gesten, jedes seiner Worte verrät, dass sein innerer Konflikt nur schlummert. Tief in Niall brodelt es noch immer, und damit ist er nicht allein. Der Frieden in Nordirland ist auch zwei Jahrzehnte nach dem Karfreitagsabkommen von 1998 ein zartes Gewächs.

Mehr als 3.600 Menschen starben in den blutigen Auseinandersetzungen, die der Nordirlandkonflikt ab 1969 nach sich zog. Kaum eine Familie war nicht davon betroffen, und beinahe jeder kennt mindestens ein Opfer des Hasses, der Nordirland gespalten hat und weiterhin spaltet. Noch immer trennt in Belfast die „Peace Line“ katholische Gebiete von den protestantischen. Und die Bezeichnung „Peace Line“ erscheint euphemistisch beim Anblick dieser befestigten Linie, die eher an die Berliner Mauer denken lässt. Seit 1969 hält sie die pro-irischen Republikaner und die pro-britischen Unionisten davon ab, unvermittelt übereinander herzufallen und sich die Köpfe einzuschlagen. Woher kommt bloß dieser bittere Hass?

Wir haben schon einiges von den ständigen Auseinandersetzungen zwischen den britischen Besatzern und der irischen Bevölkerung gehört. Letztere setzte sich in erster Linie aus Bauern zusammen, bodenständig, einfach, arm – und katholisch. Die Besatzer aus England, Wales und Schottland hingegen waren machtbewusst, gebildet, wohlhabend – und protestantisch. Wenn auch die Differenzen zwischen diesen beiden Gruppen wesentlich tiefer liegen, verkürzten und vereinfachten sie sich schließlich auf die Glaubenszugehörigkeit als unterscheidenden Faktor.

Als nun die Briten ihre Macht in Irland im Lauf ihrer Eroberungszüge zu stabilisieren versuchten, erschien ihnen die gezielte Ansiedlung linientreuer Briten auf der Nachbarinsel als geeignetes Mittel der Wahl. Viele Gebiete Irlands sind allerdings nicht sonderlich fruchtbar und waren folglich für die Kolonialherren von geringerem Reiz. Das Hauptaugenmerk fiel deshalb auf die deutlich vielversprechendere Provinz Ulster im Norden von Irland. Zwischen 1603 und 1660 wurden etliche Engländer, Waliser und Schotten hier angesiedelt, manche zwangsweise, andere wiederum mithilfe materieller Anreize. Die neuen Siedler waren natürlich allesamt Protestanten, und in dieser sogenannten „Ulster Plantation" liegt die Wurzel des Nordirlandkonflikts.

Dann, in der ersten Hälfte des vergangenen Jahrhunderts, begann das beständige Unabhängigkeitsstreben der Iren endlich erste Erfolge zu verzeichnen. Die „Home-Rule"-Bewegung, die für die Autonomie der Insel kämpfte und insbesondere in der nun überwiegend protestantischen Provinz Ulster auf starken Widerstand stieß, war zwar gescheitert. Doch formierten sich deren Anhänger in der Partei „Sinn Féin" – irisch für „wir selbst" – neu. Ostern 1916 wagten sie in Dublin einen Aufstand, den die britischen Truppen blutig niederschlugen. Die Rädelsführer wurden hingerichtet, was für enorme Empörung unter den Iren sorgte. Deshalb gewann Sinn Féin bei der nächsten Wahl die überragende Mehrheit von achtzig Prozent. Flugs wurde vom neuen irischen Parlament die Unabhängigkeit der Republik Irland verkündet, und genauso schnell tat das britische Parlament diese Erklärung als null und nichtig ab. Ein Unabhängigkeitskrieg war die Folge, dem viertausend Iren zum Opfer fielen.

Die Versuche, diesen schrecklichen Bürgerkrieg einzudämmen, führten schließlich zur Anerkennung Südirlands als Freistaat innerhalb der britischen Union und 1949 endlich zu dessen Loslösung als unabhängige Republik Irland. Das lange Zeit verachtete und zurückgedrängte irische Gälisch wurde zur Hauptamtssprache, die katholische Kirche erhielt Sonderrechte innerhalb des jungen Staates. Die Republik Irland verließ das Commonwealth.

Anders sah es jedoch im Norden der Insel aus. Die protestantischen Nachfahren der Generation der „Ulster Plantation" bildeten hier die Mehrheit und dachten gar nicht daran, sich von Britannien zu lösen, um mit den katholischen Iren eine staatliche Einheit zu bilden. So kam es, dass Nordirland Teil des Vereinigten Königreichs blieb – sehr zum Missfallen der irisch-katholischen Bevölkerungsminderheit.

Die Republik Irland erklärte die Wiedervereinigung mit Nordirland zum Staatsziel. In Nordirland trat mit der „Óglaigh na hÉireann" – der „Irisch-Republikanischen

Armee“ – eine zunächst friedliche katholische Bürgerrechtsbewegung für die Wiedervereinigung ein.

Gegen diese Bürgerrechtsbewegung formierten sich in den Sechzigerjahren loyalistisch-protestantische Gruppen in der UVF, der „Ulster Volunteer Force“, die schnell paramilitärische Strukturen annahm. Sie fand Unterstützung bei der nordirischen Polizei, die ihrerseits wiederum Rückhalt von Großbritannien erhielt. Das rigorose Vorgehen der UVF gegen die katholischen Bürgerrechtler hatte zur Folge, dass sich 1969 radikale Teile von der katholischen Unabhängigkeitsbewegung lösten und die ebenfalls paramilitärisch organisierte IRA gründeten.

Obwohl die Bevölkerungsmehrheit hinter keiner der beiden Gruppierungen stand, terrorisierten diese Nordirland von nun an mit ihren blutigen Auseinandersetzungen. Der Hass der Protestanten gegen die Katholiken fand einen wütenden Motor in der populistischen Hetze des presbyterianischen Pfarrers Ian Paisley. Von ihm angestachelt überfielen und drangsalierten protestantische Unionisten die katholische Zivilbevölkerung immer wieder aufs Neue. Die IRA auf der anderen Seite bombte sich mit ihren Terroranschlägen zu trauriger Berühmtheit.

Dem Karfreitagsfrieden von 1998, der schließlich für Ruhe in Nordirland sorgte, gingen lange und zähe Verhandlungen voraus. Erst 2005 erklärte die IRA den bewaffneten Kampf schließlich endgültig für beendet. Dennoch kommt es auch heute noch zu einzelnen Zwischenfällen, denn Wut,

Hass, Schmerz und Vorurteile haben tiefe Wurzeln geschlagen. Der Brexit mag zudem dazu beitragen, dass die Diskussion um die Wiedervereinigung Irlands von Neuem aufflammt.

In manchen Städten Nordirlands erinnern Wandmalereien an den Konflikt. Hier in Derry findet man die riesigen Graffiti in der Bogside, einem überwiegend katholischen Stadtbezirk, der Schauplatz zahlreicher Eskalationen gewesen ist. Eigentlich heißt die Stadt ja offiziell „Londonderry", doch davon will Niall nichts wissen. „Meine Stadt hieß schon immer Doire Cholm Chille", sagt er kopfschüttelnd. „Das ist Gälisch und heißt ‚Eichenhain des Columcille'." Dann erfahre ich, dass dieser Columcille niemand anderes ist als der heilige Columban von Iona, jener irische Mönch, der als Missionar durch Schottland zog und der das legendäre Kloster auf der Insel Iona gründete, von dem wir bereits so viel gehört haben. Ganz offensichtlich hat der rührige Columban auch in Derry seine Spuren hinterlassen.

„Abgekürzt sagen wir nur ‚Doire' – Eichenhain", fährt Niall mit seinen Ausführungen fort. „Von mir aus auch Derry, wie man im Englischen sagt. Aber doch bitte nicht ‚London'! Damit haben wir nichts zu tun!" Tatsächlich entstand die Bezeichnung „Londonderry" erst im siebzehnten. Jahrhundert, als Londoner Handelsunternehmen Geld für die Stadtbefestigung von Derry spendeten. Die alteingesessenen Bewohner mochten diese neue Bezeichnung noch nie, doch erst im Zuge des Nordirlandkonflikts nahm der Verzicht auf den Namenszusatz „London" die Qualität eines politischen Statements an.

„You are now entering free Derry" – „Sie betreten nun das freie Derry", prangt an der Hauswand nebenan. Diese ragt wie ein mahnender Torso in den Himmel, denn das dazugehörige Haus steht schon lange nicht mehr. Elf große Wandbilder im Stadtteil Bogside, „Murals" genannt, geben Zeugnis davon, dass der Nordirlandkonflikt noch immer schwelt. Eine Lösung, mit der alle Seiten wirklich dauerhaft zufrieden sind, ist vorerst nicht in Sicht.

„Der Schmerz sitzt tief", sagt Niall, während er mich zum nächsten Wandbild weiterführt. „Bis all das Leid verziehen ist, dauert es bestimmt noch eine Generation. Wenn nicht länger." Doch dann seufzt er und schlägt versöhnlichere Töne an. „Aber wir wollen Frieden. Niemand wünscht sich das Grauen des Terrors zurück, abgesehen vielleicht von ein paar unbelehrbaren radikalen Fanatikern. Wir müssen lernen, miteinander klarzukommen. Und das wollen wir auch."

Das nächste Wandbild zeigt einen britischen Soldaten, der mit einem Vorschlaghammer auf eine Tür einschlägt. „Das war der Blutsonntag von 1972", erklärt Niall. „Dreizehn Menschen wurden damals von der britischen Armee erschossen, und das, obwohl sie unbewaffnet waren!" Seine Stimme zittert bei diesen Worten, und man spürt die Spuren der ohnmächtigen Wut, die den Nordirlandkonflikt nach diesem Ereignis erneut eskalieren ließ.

„Zwei-tausend-zehn." Niall spricht diese Zahl betont langsam aus, und ein leiser Anflug von Verachtung schwingt dabei mit. „Es hat bis zum Jahr 2010 gedauert. Erst dann hat der damalige Premierminister David Cameron uns im Namen der britischen Regierung um Verzeihung gebeten." Niall atmet hörbar aus. Sein Blick hat sich verfinstert.

Ich werde ihn jetzt fragen, wer der Junge mit dem Molotowcocktail ist.

Nutty Chocolate-Fudge – ein nussiges Schokoladenfondant

Zutaten: *250 g Zartbitterschokolade, 100 g weiße Schokolade, 175 g Puderzucker, 50 g Butter, 120 ml Baileys, 150 g gemahlene Haselnüsse, die fein abgeraspelte Schale von ½ Bio-Orange, Puderzucker zum Bestreuen*

Zubereitung: *Eine kleine, hohe Form (ca. 15 x 15 cm) mit Frischhaltefolie auslegen. Den Puderzucker in den Baileys sieben und ganz glattrühren. Die Schokolade raspeln und zusammen mit der Butter im Wasserbad erhitzen, bis alles geschmolzen ist. Nun die Puderzucker-Baileys-Mischung, die Orangenschale und die gemahlenen Haselnüsse unterrühren und alles zu einer homogenen Masse verrühren. Sofort anschließend in die Form gießen und mit Frischhaltefolie bedecken. Glatt andrücken und im Kühlschrank mindestens 3 Stunden lang auskühlen lassen.*

Nach dem Abkühlen aus der Form nehmen und die Frischhaltefolie entfernen. Das Fudge in kleine Würfel schneiden und mit Puderzucker einstäuben.

Ein trauriges Lied und ein eiskaltes Bad – Weihnachten in Irland

Niedergeschlagen liegt ein Mann auf der Pritsche einer Gefängniszelle und versucht, seinen Rausch auszuschlafen. So enden sie also, seine Träume vom Neuanfang in New York, von einem besseren Leben in der Neuen Welt. Alkohol und Drogen haben seine Hoffnungen zerstört. Und während sein nicht minder betrunkener Zellengenosse lallend ein trauriges Lied anstimmt, beginnt der Mann, von seiner Freundin zu träumen, die genauso desillusioniert ist von ihrem Leben in Amerika. In seinen Gedanken stimmen sie gemeinsam in einen melancholischen Wechselgesang ein, schwungvoll begleitet von irischer Folkmusik. Der melodische, kristallklare Gesang der Frau bildet einen harten Kontrast zur rauen Reibeisenstimme des Mannes. Und es ist Weihnachten, die Zeit für „Fairytale of New York".

Der bittersüße Song der Folk-Punk-Band „The Pogues" erschien 1987, und nirgends stürmte er zu solchem Erfolg wie in Irland. Vergessen Sie den Ohrwurm „Last Christmas" von der Gruppe „Wham!", wenn Sie Weihnachten in Irland verbringen wollen. Denn hier gilt „Fairytale of New York" als das beste Weihnachtslied aller Zeiten. Wer den schwermütigen Song einmal gehört hat, wer das eindringliche, in Schwarzweiß gehaltene Musikvideo gesehen hat, der kann die Iren verstehen. Dieses Lied ist so etwas wie die Kumulation intensivster Gefühle und spiegelt die irische Seele wider wie kaum ein anderes. Was wäre Weihnachten in Irland ohne knisterndes Kaminfeuer, ohne heißen Punsch und die getragene Weise von „Fairytale of New York"?

Die irische Weihnachtszeit beginnt traditionell am 8. Dezember. Überall im Land gibt es jetzt festliche Lichter und Weihnachtsmärkte, Stechpalmenzweige und Efeu, Kerzen und glitzernde Girlanden. „Nollaig Shona Duit", rufen die Menschen sich zu, so heißt „frohe Weihnachten" auf Irisch.

Dabei fehlt es zum klischeehaften Weihnachts-Feeling nun eigentlich an nichts mehr, außer am Schnee. Schnee ist bei weihnachtlichen Durchschnittstemperaturen von um die sechs Grad in Irland eher eine exotische Erscheinung. Trotzdem, Wind und ständiger Regen sorgen dafür, dass es sich draußen ganz schön ungemütlich anfühlt.

Doch offensichtlich kann das einen wahren Iren nicht erschüttern. Es ist Weihnachten in Dublin, tiefhängende Wolken jagen über den Himmel, und ich ziehe unwillkürlich meinen Schal etwas enger um den Hals. So reihe ich mich in die Schar dickvermummter Menschen ein, die es zum Forty Foot zieht, der legendären Badestelle in Sandycove südöstlich der Hauptstadt. Denn aus irgendeinem Grund scheinen heute alle dort hinzugehen.

Über der Felsbucht ragt der Martello Tower auf, einer von zahlreichen Türmen, die einst an der irischen

Küste errichtet wurden, um eine befürchtete Invasion napoleonischer Truppen abzuwehren. Die Eroberer blieben aus, stattdessen kam später James Joyce, um eine Woche in diesem Turm zu verbringen. Die wenigen Tage haben ihn immerhin so sehr beeindruckt, dass er seinen „Ulysses" hier beginnen ließ, und eine Pilgerfahrt zum James-Joyce-Tower ist deshalb für alle Fans ein absolutes Muss.

Doch mehr noch ist es für alle Dubliner Kult, unterhalb des Turms in die Irische See zu springen und bei Wassertemperaturen von bis zu fünfzehn Grad durch die Bucht zu kraulen. Das ist ja schon im Hochsommer eine Herausforderung, wenn das Thermometer selten höher als bis zur Zwanzig-Grad-Marke steigt. Aber jetzt im Dezember ist es wesentlich kälter, und die Wassertemperatur liegt bei kaum mehr als acht Grad.

Warum legen denn die Leute bloß ihre dicken Winterjacken und -mäntel ab? Sind sie von allen guten Geistern verlassen? Was geht hier vor? Darunter kommen nichts als knappe Badeanzüge, Schwimmshorts oder Bikinis zum Vorschein. Manch einer setzt sich noch eine neckische rote Nikolausmütze auf, und unter allgemeinem Johlen und fröhlichem Kreischen stürzen sich die Menschen in die eisigen Fluten. Hat ein kollektiver Wahn die Iren erfasst? Schaudernd ziehe ich mich ein bisschen weiter vom Ufer zurück. Nicht, dass ich am Ende davon angesteckt werde!

Prustend und plantschend ziehen die schwimmenden Weihnachtsmänner ein paar schnelle Runden, kommen dann triefend zurück an Land und hüllen sich schnellstmöglich in flauschige Badetücher. Gleich neben mir trocknet sich eine ältere Dame ab, sie mag um die siebzig sein, und sie lacht mich fröhlich an. „Das war gut!“, ruft sie, aber ich hege da so meine Zweifel. Ihre Wangen sind tief gerötet, ihre Lippen ganz blau. Mir läuft ein Schauer über den Rücken.

Kurze Zeit später, als sie sich wieder angezogen hat, ist sie gerne dazu bereit, mich über das skurrile Ereignis aufzuklären. Sie kommt täglich hierher zum Forty Foot, seit sie in Rente ist, erzählt sie mir dann. Zumindest von Anfang April bis Ende Oktober, manchmal auch schon im März oder noch im November, da kennt sie nichts. Das Bad in der kühlen Irischen See härte sie ab, meint sie, und stolz fügt sie hinzu, dass sie nicht mehr krank gewesen sei, seit sie damit begonnen habe.

Doch ihre Teilnahme am heutigen „Christmas Swim“ hat einen anderen Grund. Das Bad im winterlichen Meer genießt seit vielen Jahren einen festen Platz unter den irischen Weihnachtstraditionen. Nicht nur am Forty Foot, nein, überall in Irland stürzen sich Wagemutige zum Weihnachtsschwimmen in die frostkalten Fluten. Und das ist keineswegs bloß ein Selbstzweck, eine Mutprobe oder eine verrückte Gaudi, klärt die abgehärtete Schwimmerin mich auf. Die Schaulustigen geben nämlich großzügige Spenden, und diese kommen Schulen, Sporthallen und Gemeindehäusern zugute. So schwimmen die einen für ein gutes

Werk, während die anderen ihren Spaß haben. „Und zum Aufwärmen gibt es heißen Whiskey, was will man mehr?", lacht sie und greift nach einem dampfenden Tässchen, das ein junger Bursche anbietet, der mit einem Tablett herumgeht.

Später dann, so fährt sie fort, wird sie zum Weihnachtsessen bei ihrer Tochter und deren Familie sein. Dort brennen schon die Kerzen am Adventskranz, in Irland sind das fünf, drei lilafarbige, eine rosa und eine weiße Kerze. Die weiße steht in der Mitte und wird erst am Heiligabend angezündet. Doch bevor die Tochter das traditionelle Weihnachtsfestmahl mit Schinken, Truthahn und Plumpudding serviert, geht es erst einmal zum Gottesdienst in die Kirche. Schon in der Nacht war die ganze Familie bei der Christmette, die religiösen Rituale werden sehr ernst genommen im katholischen Irland. So sind sie alle richtig eingestimmt auf den ersten Weihnachtstag, an dem Father Christmas die Geschenke bringt. Damit er sie auch bloß nicht vergisst, hängen die Kinder am Vorabend ihre Socken in den Kamin, und die Eltern stellen als kleines Dankeschön einen Teller mit Keksen, eine Pastete, ein Glas Whiskey oder ein Bier dazu.

Der zweite Weihnachtstag ist in Irland „Lá Fhéile Stiofáin" – „St. Stephen's Day". Auf diesen Tag haben sich vor allem die Kinder gefreut, denn sie verkleiden sich als „Wren Boys" – „Zaunkönig-Jungs". Sie stecken sich Stechpalmenzweige ins Haar, malen ihre Gesichter schwarz an und schlüpfen in Kostüme aus Stroh. So geht es dann hinaus auf die Straßen, wo gesungen und getanzt wird, vor allem aber Süßigkeiten und Geld gesammelt werden. Und am Abend zieht es die Erwachsenen in die Pubs, wo das Weihnachtsfest bei Guinness, Whiskey und Folkmusik einen fröhlichen Ausklang findet. Dann erklingt noch einmal „Fairytale of New York“, und spätestens jetzt haben alle feuchte Augen.

Wie bei uns in Deutschland geht die Weihnachtszeit aber erst am 6. Januar so richtig zu Ende. In Irland wird dann die „Weihnacht der Frauen“ gefeiert. Zumindest für diesen einen Tag lassen irische Frauen die Hausarbeit ruhen und machen es sich bequem. Denn heute sind die Männer dran: Sie müssen den Weihnachtsschmuck abnehmen, vernachlässigen sie diese Pflicht, so steht das neue Jahr unter schlechten Vorzeichen. Und wenn sie fertig sind, dann führt ihr nächster Weg in die Küche, um das Festessen für den Abend zuzubereiten. Vielleicht gibt es ja Spiced Beef, ein traditionsreiches Weihnachtsessen aus Cork. Und die Frauen haben es derweil am Kamin beim Punsch gemütlich, wo sie ein letztes Mal den Klängen von „Fairytale of New York“ lauschen. Zumindest bis zum nächsten 8. Dezember.

Spiced Beef – ein irischer Weihnachtsbraten

Zutaten für 4-5 Personen: *1 ½ kg Rindfleisch aus der Oberschale oder Rinderschmorbraten, 80 g brauner Zucker, 16 schwarze Pfefferkörner, 16 Wacholderbeeren, 8 Pimentkörnern, 8 Nelken, 8 g Salpeter (Salpeter ist schwer zu bekommen, fragen Sie am besten in Ihrer Apotheke nach. Im Zweifel können Sie aber auch Pökelsalz verwenden), Salz*

Zubereitung: *Das Fleisch parieren, trocken tupfen und anschließend ringsum kräftig mit braunem Zucker einreiben. In eine Schüssel legen, abdecken und 2 Tage lang in den Kühlschrank stellen.*

Nach Ablauf der Zeit Wacholderbeeren, Pfefferkörner, Piment und Nelken in einen Mörser geben und mit dem Stößel fein zermahlen. Das Pulver gut salzen, den Salpeter hinzugeben, alles gründlich vermischen und anschließend das Fleisch ringsum mit der Würzmischung einreiben. Nun für weitere 6-7 Tage zurück in den Kühlschrank stellen, täglich einmal wenden und die Würzmischung auf dem Fleisch verreiben.

Um das Fleisch zu kochen, legt man es dann in eine Kasserolle, die der Größe des Fleischstücks möglichst nahekommt. 200 ml Wasser hinzugießen und die Kasserolle mit dem Deckel fest verschließen. Den Backofen auf 140°C vorheizen und die Kasserolle für 5 Stunden hineinstellen. Danach aus dem Ofen nehmen und das Fleisch in der verschlossenen Kasserolle 3 Stunden lang abkühlen lassen. Anschließend herausnehmen und in Alufolie einwickeln. Bis zum Verzehr im Kühlschrank aufbewahren.

Vor dem Servieren schneidet man das Fleisch in dünne Scheiben. Dazu reicht man Brown Bread und Apricot-and-Almond-Chutney.

Apricot-and-Almond Chutney

Zutaten: *200 g getrocknete Aprikosen, 125 g brauner Zucker, 250 ml Weißweinessig, 1 kleine Zwiebel, 1 Apfel, 1 Tl frisch geriebener Ingwer, ½ Tl Koriandersamen, 50 g gehackte Mandeln, 1 Spritzer Tabasco, 1 Prise Salz*
Zubereitung: *Die Aprikosen in kleine Stücke zerhacken. Die Koriandersamen in einer Pfanne ohne Fett erhitzen, bis sie duften, dann im Mörser zermahlen. Den Apfel halbieren und das Kerngehäuse entfernen, dann Apfel und Zwiebel schälen und recht fein würfeln. Nun alle Zutaten in einem Topf langsam erhitzen und rühren, bis der Zucker sich vollständig aufgelöst hat. Ganz kurz aufkochen, dann bei schwacher Hitze 1 Stunde lang köcheln lassen, dabei immer wieder umrühren.*
Anschließend in Gläser mit Drehverschluss abfüllen, die Gläser sofort verschließen und 5 Minuten lang auf den Deckel stellen. Im Kühlschrank aufbewahren. Das Chutney schmeckt nach einer gewissen Lagerungszeit immer besser.

Irish Winter Punch

Zutaten pro Glas: *4 cl Whiskey, Saft von ¼ Orange. 1 El Zitronensaft, 1 El brauner Zucker, 1 El flüssiger Honig, 1 Msp gemahlener Zimt, 1 Orangenscheibe zur Dekoration*
Zubereitung: *Zucker, Honig, Zimt, Orangen- und Zitronensaft in ein hitzebeständiges Glas geben und mit kochendem Wasser zu ¾ auffüllen. Gut umrühren, dann den Whiskey hinzugeben und nochmals kurz umrühren. Die Orangenscheibe bis zur Hälfte einschneiden und an den Rand des Glases stecken. Sofort genießen.*

Versteinerte Küsse – von Feen, Clanchefs und einem magischen Stein

Hatte ich gesagt, Sie sollten „Last Christmas" vergessen? Vergessen Sie auch Harry Potter! Irland hat etwas viel Besseres zu bieten. Und wenn diese Attraktion auch etwas mit Fantasie zu tun haben mag, so ist sie doch ziemlich real und nicht nur eine Geschichte aus Büchern. Sie können sie sehen, Sie können sie anfassen, ja, Sie können sie sogar küssen! Da gibt es nicht nur eine echte Burg, es gibt einen Druidenkreis, eine Hexenhöhle und eine Wunschtreppe. Und mehr noch, es gibt den „Stone of Eloquence" – willkommen im Blarney Castle und willkommen bei Irlands unhygienischster Sehenswürdigkeit!

Doch schauen wir erst einmal ein wenig zurück. Genauer gesagt, werfen wir einen kurzen Blick in die keltische Anderswelt. Hier wohnt so manches mystische Wesen. Den kleinen, grün gekleideten Kobold Leprechaun, der am Ende des Regenbogens einen Topf mit Gold versteckt hält und den man nur zu fassen bekommt, indem man ihn an den Schultern packt, haben wir schon ganz am Anfang unserer Reise durch Irland kennengelernt. Doch die Anderswelt der Kelten ist noch von vielen weiteren Wesen besiedelt. Sie existiert unmittelbar neben der Welt der Menschen und bleibt uns Sterblichen trotzdem normalerweise ganz und gar verborgen. Denn die Bewohner der Anderswelt hausen im Inneren von Hügeln und auf nebelverschleierten Inseln, unten auf dem Grund von Seen oder in der Tiefe des Meeres. Hier leben Elfen und Feen, Kobolde und andere Kreaturen aus dem „kleinen Volk“, aber auch Todesgötter, Hexen, unheimliche Zauberer und andere Unheilstifter. Durch magische Tore wie Höhleneingänge, Felsspalten oder Schleierwände aus Zaubernebel erhält man Zutritt zur Anderswelt, jedoch gelingt der Einlass natürlich nur unter ganz besonderen Bedingungen und wahrlich nicht jedermann.

Eine der Bewohnerinnen dieser Anderswelt ist die Fee Cliodhna. Die märchenhafte und bezaubernde Cliodhna ist eine Göttin der Liebe und der Schönheit. Sie besitzt drei betörende Zaubervögel, deren ätherischer Gesang kranke Menschen in einen heilenden Schlaf versetzen kann, und sie zählt zu den guten Geistern der Anderswelt.

Der andere Hauptdarsteller unserer Geschichte ist Cormac Laidir MacCarthy. MacCarthy war ein Mensch, und zwar ein ziemlich mächtiger. Er trug den Titel eines Clanchefs, und als solcher lebte er in den Ruinen des Blarney Castle in der sanften Hügellandschaft nördlich der alten Stadt Cork. Die Burg aus dem dreizehnten Jahrhundert war aus einem noch viel älteren hölzernen Fort entstanden, doch fiel sie den ständigen Scharmützeln zum Opfer, welche die Clans sich in jener Zeit untereinander lieferten. Dem bärbeißigen MacCarthy gelang es, endlich für Ruhe zu sorgen, indem er die anderen Clans ein für alle Mal besiegte.

Weil er jetzt nicht nur mächtig, sondern auch wohlhabend war, beschloss MacCarthy, seine verfallene Festung durch eine imposante Burg zu ersetzen. So entstand im fünfzehnten Jahrhundert das steinerne Blarney Castle, die wehrhafteste Burg in diesem Teil von Irland. Mit bis zu fünf Meter dicken Mauern ragten schließlich der zinnenbewehrte Wohnturm und die runden Wehrtürme des Blarney Castle grau und trutzig aus der grünen Landschaft empor.

Doch MacCarthys Gegner gaben sich nicht so schnell zufrieden. Sie bezichtigten ihn, sich mit einem satanischen Hexer eingelassen zu haben, der ihm mittels schwarzer Magie zum Sieg verholfen habe. Das allerdings war eine äußerst üble Anschuldigung. Ein kirchliches Gericht sollte nun über MacCarthys Wohl und Wehe entscheiden, und im Falle seiner Verurteilung würde er mit dem Schlimmsten rechnen müssen.

In seiner Verzweiflung rief MacCarthy die Fee Cliodhna zu Hilfe. Cliodhna erschien sogleich und tröstete ihn, denn sie wusste, dass er unschuldig war.

Doch es gab ein Problem. MacCarthy mochte zwar ein raubeiniger Haudegen sein, niemand konnte ihm im Kampf so leicht das Wasser reichen. An Kraft und kriegerischem Geschick mangelte es ihm nicht, aber wer großes Talent auf dem einen Gebiet hat, der hat oft Defizite auf dem anderen. Bei MacCarthy war es seine Sprachgewandtheit, die zu wünschen übrig ließ. Doch unglücklicherweise würde er selbst die Rede zu seiner Verteidigung halten müssen!

Da wusste die Fee Cliodhna einen Rat. Er solle, so wies sie ihn an, am Morgen des Tages der Gerichtsverhandlung den ersten Stein küssen, den er nach dem Erwachen erblicke. MacCarthy tat, wie ihm geheißen, und als er vor den kirchlichen Kadi trat, da verblüffte er alle Anwesenden mit seiner brillanten Rhetorik. Er überzeugte nicht nur das Gericht von seiner Unschuld, nein, er trieb seinen Zuhörern auch die Tränen des Mitgefühls in die Augen. Seine Gegner fielen schließlich vor ihm auf die Knie und flehten um Verzeihung. Als gefeierten Mann geleiteten ihn alle zurück auf seine Burg, wo er den Rest seiner Tage in Frieden und hohem Ansehen verbrachte.

Den wundersamen Stein jedoch ließ MacCarthy hoch oben im Hauptturm des Blarney Castle einsetzen und zuvor noch mit der Inschrift versehen: „Cormac MacCarthy der Starke hat mich im Jahr unseres Herrn 1446 erbaut".

Wo kam er her, dieser mysteriöse Kalksteinblock, der ein solches Wunder vollbracht hatte? Hierüber streiten sich die Geister.

Manche erzählen, auf eben diesen Stein habe einst Jakob sein müdes Haupt gebettet, als er auf der Flucht vor seinem Zwillingsbruder Esau in der Wildnis übernachten musste. Im Traum sah er die Jakobsleiter, deren Spitze bis in den Himmel reichte, und Gott versprach ihm nicht nur den Besitz des Landes, sondern auch eine reiche Schar von

Nachkommen. Dieses „Jakobskissen“ soll dann der Prophet Jeremia nach Irland gebracht haben, wo es fortan den irischen Königen als Schicksalsstein diente. Als solcher bestimmte er auf orakelhafte Weise den jeweiligen Thronfolger, wobei mir wieder die Geschichte von Harry Potter einfällt, in der ein sprechender Hut auf ähnliche Weise die Schüler den einzelnen Häusern der Zauberschule Hogwarts zuordnet.

Als wenn das nicht alles schon eigentümlich genug gewesen wäre, soll der Stein auch noch im Kloster auf der Insel Iona dem heiligen Columban persönlich als Kissen auf dem Sterbebett gedient haben. Gemütlich war das sicher nicht.

Danach gelangte der Stein aufs schottische Festland, und dort prophezeite er als „Stone of Destiny“ die künftigen Könige von Schottland. Manche sagen sogar, dies sei der legendäre Stone of Scone gewesen, der Krönungsstein der Schotten, der im Schloss von Edinburgh aufbewahrt wird. Robert the Bruce schenkte Cormac MacCarthy einen Brocken davon, weil dieser ihm mit einem Heer von fünftausend Mann beim Kampf gegen die Engländer in der Schlacht von Bannockburn beigestanden hatte. So gelangte zumindest ein Teil des sagenhaften Steins zurück nach Irland. Es muss sich jedoch um einen Vorfahren unseres Cormac MacCarthy gehandelt haben, denn diese Geschichte trug sich bereits 1314 zu. Sie erklärt jedenfalls, wie der Stein in die Hände des Clans der MacCarthy gelangt ist.

Andere behaupten allerdings, das gute Stück sei im Laufe der Kreuzzüge nach Irland gelangt, und es handle sich um den Stein Ezel, hinter dem sich David auf der Flucht vor Saul versteckte. Noch verwegener ist die Vermutung, es handle sich um nichts Geringeres als den wundertätigen Felsen, der Wasser spie, als Moses darauf schlug.

Wie dem auch sei, wer Cliodhnas Rat befolgt und diesen ganz besonderen Stein küsst, dem verleiht er angeblich große rednerische Eloquenz. Der Ruf, diese Fähigkeit zu besitzen, eilte den MacCarthys von nun an voraus. Als Elizabeth I. danach trachtete, die englische Macht in Irland zu festigen, da sandte sie einen Abgeordneten zum Blarney Castle, um Cormac MacCarthy zum Treueeid zu bewegen. Dort wurde der Mann mit langen, schmeichlerischen Reden empfangen und mit vielen verheißungsvollen Worten umgarnt, doch eine konkrete Zusage erhielt er nicht.

Voller Angst vor der Reaktion der Königin kehrte der Abgesandte schließlich unverrichteter Dinge nach England zurück. Doch Elizabeth lachte nur und sprach die Worte: „Ein typischer Fall von Blarney!"

Damit hatte sie eine neue Redewendung geschaffen, und das gefiel ihr so gut, dass sie das Wort „blarney" dem Dichter William Shakespeare zur gefälligen weiteren Verwendung ans Herz legte. Heute heißt „to blarney" so viel wie „eine geschliffene Rede führen", nach anderer Bedeutung aber auch „mit hohlen Floskeln schmeicheln" oder „lügen, ohne rot zu werden". Ach, und übrigens muss es sich schon wieder um einen anderen Cormac MacCarthy gehandelt haben, denn Elizabeth I. lebte im sechzehnten Jahrhundert. Bei der Namenswahl scheinen die MacCarthys nicht sonderlich kreativ gewesen zu sein.

Eloquent reden? Das kann ja niemandem schaden. Und so reihen wir uns in die Schar derer ein, die zum Blarney Castle reisen, um den „Stein der Sprachgewandtheit“ zu küssen. Bis zu vierhunderttausend Menschen sollen das in jedem Jahr sein, und nun verstehen Sie, warum ich eingangs von Irlands unhygienischster Touristenattraktion sprach.

Der hochberühmte Stein befindet sich ganz oben im großen Turm des Blarney Castle. Über eine ausgetretene Wendeltreppe gelangen wir hinauf und quetschen uns durch eine enge Pforte ins Freie. Dort befindet sich der Stein in der gegenüberliegenden Mauer, wo eine andere Besucherin sich schon um Kusskontakt bemüht. So einfach ist das nämlich nicht. Man muss sich dazu auf den Rücken legen und den Oberkörper sodann über einen Schacht schieben. Dessen Öffnung ist vielleicht einen Meter breit und drei Meter lang, darunter gähnt ein 25 Meter tiefer Abgrund!

„Keine Sorge“, beschwichtigt der Wärter, der die Taille der zögernden Frau umfasst, während sie die Haltestangen rechts und links der Öffnung umklammert. „Die Stangen sind stabil, und ich halte Sie gut fest. Sie können nicht hinunterfallen!“ Die Frau gibt sich einen Ruck, robbt etwas weiter auf die Öffnung zu und streckt den Kopf zum Kuss ein Stück hinab. Der Stein befindet sich nämlich dort in schwindelerregender Position, wobei drei waagerecht über dem Schacht eingelassene Gitterstäbe vor dem Absturz schützen. Die Frau erledigt rasch ihre steinerne Zärtlichkeit und kommt dann sichtlich erleichtert wieder empor.

„Und?", frage ich sie, „glauben Sie, dass Sie nun eine große Rhetorikerin geworden sind?" Sie lacht. „Ach Quatsch! Das ist doch nur ein Spaß!"

Hat sie recht? Sollen wir die halsbrecherische Verrenkung trotzdem wagen, auch wenn der erwünschte Erfolg sich am Ende gar nicht einstellt? Ich werfe einen kritischen Blick auf den Stein, der ziemlich verfärbt aussieht. „Das liegt daran, dass ihn schon Millionen von Leuten geküsst haben", schmunzelt der Wärter. „Aber keine Sorge, wir wischen ihn mehrmals täglich ab!" Er zieht einen Lappen aus der Hosentasche und wedelt damit vor unseren Nasen herum.

Ich lasse mich nicht beeindrucken. „Haben Sie von dem Archäologen und der Historikerin gehört, die behaupten, dass hier der falsche Stein geküsst wird?", halte ich ihm entgegen.

Die zwei Wissenschaftler sagen nämlich, dass seit 1888 aus Gründen der Sicherheit ein ganz anderer Stein geküsst wird und nicht der originale „Stone of Eloquence". Denn dieser sei an so unzugänglicher Stelle platziert, dass man keine andere Wahl gehabt habe, als die Steinknutscher an den Fußgelenken festzuhalten und kopfüber an der Schlossmauer hinunterzulassen.

„Das ist blanker Unsinn!“, tut der Wärter die Theorie der beiden ab und untermauert seine Verachtung mit einer wegwerfenden Handbewegung. „Woher, meinen Sie, hat Winston Churchill seine bestechende Redegewandtheit gehabt? Na?“ Dann legt er eine rhetorische Pause ein und schaut mich dabei herausfordernd an. „Er hat natürlich seine Lippen auf unseren Stein gepresst! Und wenn Sie es nicht glauben, dann probieren Sie es doch jetzt einmal selbst! Dann werden Sie schon herausfinden, ob Sie den richtigen geküsst haben!“

Roasted Pork in Apple Sauce with Champ – Schweinebraten mit Apfelsauce und Püree

Zutaten für 4 Personen: *1,5 kg gepökelter Schweinenackenbraten (in Irland wird Schweinefleisch meist gepökelt verwendet. Bitten Sie ihren Metzger, ihnen das Bratenstück leicht einzupökeln), 1 kg mehlig kochende Kartoffeln, 1 Bd. Frühlingszwiebeln, 4 Zwiebeln, 500 ml Gemüsefond, 6 aromatische Äpfel, 250 ml Milch, 125 ml Guinness, 100 ml Sahne, 80 g Butter, 2 El Honig, 2 El Senf, 4 Gewürznelken, 4 Pimentkörner, 4 Wacholderbeeren, 6 Pfefferkörner, 2 Lorbeerblätter, Muskatnuss, Speiseöl, Speisestärke, Salz, Pfeffer*

Zubereitung: *Nelken, Piment, Wacholderbeeren und Pfefferkörner im Mörser zerkleinern und mit Honig und Senf zu einer Paste verrühren. Das Fleisch mit der Paste einpinseln und für 2 Stunden kühlen.*

Die Äpfel schälen, entkernen und in Scheiben schneiden. Die Zwiebeln schälen und achteln. In einem Bräter etwas Speiseöl erhitzen und das Fleisch ringsum kurz darin anbraten. Mit dem Fond ablöschen und salzen.
Zwiebeln und Äpfel um das Fleischstück herum im Bräter verteilen, die Lorbeerblätter hinzugeben und den Bräter mit dem Deckel verschließen. Den Backofen auf 180°C vorheizen und den Bräter für 2 Stunden hineinstellen.
In der Zwischenzeit die Frühlingszwiebeln waschen, putzen und in feine Röllchen schneiden. Die Kartoffeln schälen, vierteln und in kochendem Salzwasser 25 Minuten lang garen.
Nach Ablauf der 2 Stunden den Deckel vom Bräter nehmen und das Fleisch mit dem Bratensaft übergießen. Die Hitze auf 200°C erhöhen und das Fleisch 20 Minuten lang weiterbacken, dabei gelegentlich mit Bratensaft übergießen. Dann das Fleisch wenden, die Hitze auf 240°C erhöhen und erneut 10 Minuten lang backen, dabei nicht mehr übergießen.
Die fertig gegarten Kartoffeln abgießen. Die Milch zusammen mit den Frühlingszwiebeln und der Butter in einem Topf erhitzen, aber nicht kochen. Die Kartoffeln gründlich zerstampfen, dabei nach und nach die Milch hinzugeben und mit Muskatnuss, Salz und Pfeffer würzen.
Anschließend den Bräter aus dem Ofen nehmen, den Bratensaft durch ein Sieb streichen und in einem Topf auffangen, das Fleisch im Bräter lassen und diesen mit dem Deckel verschließen.
Den Bratensaft auf dem Herd erhitzen, Guinness und Sahne hinzugeben, gut verrühren und mit Salz und Pfeffer abschmecken. Eventuell die Sauce mit etwas Speisestärke abbinden.
Das Fleisch aus dem Bräter nehmen und in Scheiben schneiden. Auf Tellern anrichten, einen guten Klecks Kartoffelpüree dazugeben und das Fleisch mit reichlich Sauce begießen. Wer mag, kann noch ein Stück Butter auf das Kartoffelpüree geben.

Brady, Brian und der Limerick – ein Lyriker im Pub

„Es war einst ein Knabe in Limerick,
dem saß, wie man sagte, der Schalk im Genick.
Er trieb es zu toll,
da war das Maß voll,
er kam in den Kerker, das war sein Geschick."

Brady grinst breit. „Siehst du, so geht das bei uns in Limerick!" Dann nimmt er einen kräftigen Zug von seinem Guinness und lehnt sich triumphierend an die Theke.

Ich mustere ihn. Er ist ein kräftiger Kerl, breitschultrig und dunkelhaarig, mit Händen, die mehr zupackenden Pranken gleichen als zartgliedrigen Dichterhänden. Und doch ist Brady in ganz Limerick bekannt für seine Limericks. Mit seinen spontan verfassten Spaßgedichten pflegt er jeden Abend nach der Arbeit den ganzen Pub zu unterhalten. Deshalb bin ich heute zu ihm gekommen, ich möchte ein paar Limericks hören, aber ich möchte vor allem wissen, was der Limerick mit der gleichnamigen Stadt an der Mündung des Flusses Shannon zu tun hat. Der Shannon entspringt hoch im Nordwesten von Irland und durchfließt einen großen Teil der Insel, bis er bei Limerick auf den Atlantik trifft. Weil er auf einer Länge von rund zweihundertfünfzig Kilometern schiffbar ist, macht ihn das zu Irlands bedeutendster Wasserstraße. Man kann auch

Hausboote auf dem Shannon mieten, manche davon sind sogar recht luxuriös ausgestattet. Das ist vielleicht eine Idee für unsere nächste Irlandreise. Doch kehren wir zurück zu Brady in den Pub von Limerick.

„Natürlich ist unsere Stadt Limerick der Namensgeber für das Scherzgedicht!“ Brady ist sich ganz sicher, und die Überzeugungskraft seiner körperlichen Präsenz lässt keinen Raum für Zweifel. „Wir haben schon immer Limericks verfasst, das hat bei uns eine lange Tradition!“, fügt er selbstgewiss hinzu, um letzte Bedenken zu zerstreuen. Tatsächlich ist es keinesfalls wissenschaftlich erwiesen, dass der Limerick aus Limerick kommt oder zumindest nach der Stadt benannt ist. Wobei, das muss ich zugeben, es schon ein sehr merkwürdiger Zufall wäre, wenn der eigenwillige Name dieser Reimform nichts mit der irischen Stadt in der Provinz Munster zu tun haben sollte.

Charakteristisch für einen Limerick sind zwei einleitende Zeilen, deren letzte Wörter sich aufeinander reimen, gefolgt von zwei kürzeren Zeilen, die ihrerseits einen eigenen Reim bilden, und einer wiederum längeren Schlusszeile, die Rhythmus und Reim der ersten beiden Zeilen wiederholt. Auf exakt diese Versform ist der Limerick streng beschränkt. Inhaltlich befassen sich die Gedichte meist mit einer Person, auf deren geografische Herkunft in der ersten Zeile hingewiesen wird. Es wird dann ein Zustand, eine Handlung oder Eigenschaft dieser Person geschildert, was in den beiden kurzen Zeilen zur

Pointe hingeführt wird, um in der letzten Zeile mit der daraus resultierenden Konsequenz abzuschließen. Gemeinsamer Nenner der Limericks ist, dass sie keinen tieferen Sinn verfolgen. Die markante Reimform dient zu nichts anderem, als den Witz rhythmisch zu betonen.

Die Gedichtform des Limericks ist schon recht alt. Besonders berühmt sind die erotischen Verse aus der Sammlung „The Pearl“, die um 1880 in London erschienen. Im deutschen Sprachraum erlebten die Limericks in den Siebzigerjahren des letzten Jahrhunderts ihre Blütezeit. Doch wer wann, wo und warum den allerersten Limerick aufgesagt hat, das weiß niemand.

Niemand, außer Brady. Der ist nämlich fest davon überzeugt, dass es nur in seiner Heimatstadt Limerick gewesen sein kann.

„Der wilde Brian vom Shannon-Fluss,
der schlug manche Schlacht zu der Iren Verdruss,
gegen Wikinger auch
mit Schall und viel Rauch,
danach starb er dann zu allem Überfluss.“

Brady lacht wieder und ist sichtlich mit sich zufrieden. „Weißt du, wer damit gemeint ist?“, fragt er dann, und ich muss zugeben, dass ich keine Ahnung habe.

„Natürlich Brian Boru!“ Weil ich leider auch keinen blassen Schimmer habe, wer das sein könnte, klärt mich

Brady bereitwillig auf und erzählt mir von Brian Boru. Schon an dessen Lagerfeuern seien nämlich Limericks aufgesagt worden, behauptet Brady. Freundlicherweise nimmt er aber für seine Schilderung nun Abstand von der Limerick-Form. Es wäre mir vermutlich schwergefallen, der Geschichte zu folgen, wenn er sie in scherzhaften Versen vorgetragen hätte.

Brian Boru wurde um das Jahr 940 herum in Killaloe geboren, einem Städtchen am Ufer des Shannon, rund zwanzig Kilometer nordöstlich von Limerick. Sein Vater war Clanchef, und Brian trat nach dessen Tod die Nachfolge an.

In jener Zeit herrschte allerdings eine ziemliche Unruhe in Irland. Nicht nur bekriegten sich die einzelnen Clans untereinander ununterbrochen aufs Neue. Auch von außen kam Unheil über die Insel, denn es war die Epoche der Wikinger. Sie landeten immer wieder an den Küsten, drangen bis tief ins Landesinnere ein, raubten, plünderten und brandschatzten.

Und damit gaben sie sich nicht zufrieden. Sie begannen, Teile des Landes zu besetzen. Wikinger herrschten in Cork, Waterford, Wexford und Dublin, außerdem hatten sie schon 812 eine eigene Siedlung an der Mündung des Shannon gegründet: Limerick. Die irischen Clans bekämpften sich also nicht nur gegenseitig, sie kämpften auch noch gegen die Wikinger. Damit hatten sie wirklich alle Hände voll zu tun.

Brian Boru erledigte nun zunächst einmal die umliegenden Clans und erhob sich zum König von Munster. Die besiegten Clanchefs verdonnerte er zur Zahlung von kräftigen Abgaben, und dieses Geld nutzte er zum Wiederaufbau der Klöster, die von den Wikingern zerstört worden waren. Damit gewann er viele Sympathien beim frommen Volk.

Weiter im Norden Irlands herrschte der Hochkönig von Tara. Seine Festung lag auf dem Hügel von Tara, einem mystischen Ort, der schon seit Menschengedenken höchste spirituelle Bedeutung genossen hatte. Brian Boru war der einzige in der Geschichte Irlands, der den Hochkönig von Tara besiegen und zumindest für eine Weile entmachten konnte.

Nur gegen den König von Armagh ganz im Norden von Irland konnte selbst Brian Boru nichts ausrichten. Deshalb einigte er sich mit diesem auf eine Zweiteilung der Insel. Der König von Armagh behielt den hohen Norden, Brian Boru erklärte sich zum Hochkönig der restlichen Insel und nannte sich „Augustus von Nordwesteuropa“. Dann heiratete er noch eine Wikingerprinzessin aus Dublin, und nichts schien seiner allumfassenden Macht mehr im Wege zu stehen.

Aber da hatte er seine Rechnung ohne die Wikinger gemacht. Die pfiffen auf seine eheliche Verbindung mit einer der Ihren und taten sich mit dem König von Armagh zusammen, dem das Machtgehabe seines Konkurrenten im

Süden von Irland zunehmend missfiel. So kam es 1014 zur legendären Schlacht von Clontarf, jenem Küstenort, der heute Stadtteil von Dublin ist und der uns schon als Geburtsort Bram Stokers begegnet ist.

Die Wikinger und die Streitmacht des Königs von Armagh unterlagen bei dem Gemetzel, und deshalb zog die Schlacht von Clontarf als „Vertreibung der Wikinger" in die Annalen von Inisfallen ein, die älteste erhaltene Chronik von Irland.

Ganz so glorreich war das aber leider nicht. Auf der einen Seite gelang es nicht wirklich, die Wikinger aus Irland zu vertreiben. Und auf der anderen Seite gingen die Scharmützel zwischen den einzelnen Clans nun erst recht wieder los. Dem Blutbad entkommene Wikinger waren nämlich nach der Schlacht bei Nacht und Nebel in das Zelt von Brian Boru eingedrungen und hatten den alten Hochkönig und seinen Sohn im Schlaf gemeuchelt. Vorbei war die schöne Idee vom einigen Irland, und alles war wieder wie zuvor.

Nur eines nicht: Brian Boru war es gelungen, die Wikinger endgültig aus Limerick zu vertreiben. Dass die skandinavischen Haudegen ausgerechnet so nahe bei seinem eigenen Heimatort siedelten, war ihm nämlich ein ausgesprochener Dorn im Auge gewesen.

Außerdem hinterließ Brian Boru eine unüberschaubare Zahl von Nachkommen, denn er hatte neben der Wikingerprinzessin noch drei weitere Ehefrauen und außerdem die beachtliche Anzahl von dreißig Mätressen. Seine Nachkommen nannten sich fortan O'Brian, heute einer der häufigsten Familiennamen in Irland.

„Und die O'Brians stammen wirklich alle von Brian Boru ab?", frage ich Brady, den Limerickdichter. „Na klar!", versichert er strahlend.

Ich betrachte ihn nachdenklich. Denn mit vollem Namen heißt er „Brady O'Brian". Und das ist ganz offensichtlich kein Zufall. Wer glaubt jetzt noch, dass der Limerick rein zufällig Limerick heißt?

Whiskey Foam - Whiskeyschaum

Zutaten für 4 Personen: *200 ml Weißwein, 100 ml Whiskey, Saft von 2 Zitronen, 150 g Zucker, 6 Eigelb, 2 Äpfel, 1 Orange, 20 Weintrauben, 20 Rosinen, Vanilleeis, Schokoladenraspel*

Zubereitung: *Die Äpfel schälen, achteln, entkernen und in dünne Scheibchen schneiden. Die Orangen schälen, filetieren und in Stückchen schneiden. Die Weintrauben waschen und vierteln. Alles Obst zusammen mit den Rosinen in eine Schüssel geben. 30 g Zucker mit 40 ml Whiskey und dem Saft einer Zitrone gut vermischen und über das Obst gießen. Umrühren und 2 Stunden lang im Kühlschrank ziehen lassen.*

Im Wasserbad den Weißwein, den Saft der anderen Zitrone, den restlichen Whiskey und Zucker sowie die Eigelb langsam erhitzen und dabei mit dem Schneebesen kräftig schlagen, bis eine schaumige Konsistenz erreicht ist.

Das Obst noch einmal gut durchrühren, anschließend auf dem Boden von vier Dessertschalen verteilen und jeweils eine Kugel Vanilleeis dazugeben. Dann den Whiskeyschaum darüber verteilen und mit Schokoladenraspeln bestreuen.

Geschichten vom Reisen – die Geologie von Irland

Der Riese Fionn MacCumhaill, den wir schon aus der Geschichte vom bösen Zwerg Abhartach kennen, lebte hoch im Norden von Irland. Hier ist die Küste Schottlands nur noch einen Steinwurf entfernt – zumindest, wenn man ein Riese ist. Doch auch kleinere Leute sehen Schottland am Horizont. Deshalb kann man verstehen, dass Fionn sich über Benandonner ärgerte, den er dort ständig erblickte.

Benandonner war sein Nachbar, seinerseits auch ein Riese, und er lebte dort drüben in Schottland. Die beiden waren ganz unterschiedliche Charaktere und lagen deshalb in heftigem Zwist miteinander. Unter Nachbarn kommt das ja häufiger vor. Da streitet man über den Grenzverlauf und kann sich nicht einigen, ob dieser oder jener Fisch nun dem einen oder dem anderen gehört. Mal hat Fionn seinen Fisch gegrillt und der Wind trägt den Rauch hinüber zu Benandonner, der sich schrecklich darüber aufregt. Und mal hat Benandonner am Abend Gäste, sie lachen und musizieren, dabei klingt die Musik über das Meer hinüber zu Fionn, der nun aber endlich schlafen möchte. Es war der übliche nachbarschaftliche Kleinkrieg.

Eines Tages, als Benandonner wieder einmal Besuch empfing, mit dem er bis in die Morgenstunden hinein lautstark die „Pipes and Drums“ – Musik von Dudelsäcken und Trommeln – erschallen ließ, da platzte Fionn der Kragen. „Dem zeig ich's!", sagte er zu seiner Frau und machte sich daran, Felsbrocken aus der irischen Küste zu reißen. Die warf er ins Meer und baute sich so einen Damm, auf dem er hinüber zu Benandonner gelangen konnte. Der sollte sich auf was gefasst machen!

Doch je näher Fionn auf seinem Damm nach Schottland hinüberkam, desto riesenhafter erschien ihm sein Kontrahent Benandonner. Von weitem hatte der noch ganz manierlich gewirkt, doch nun entpuppte er sich als wahrhaft monströses Geschöpf! Da überlegte es sich Fionn flugs noch einmal und eilte zurück zu seiner Frau.

Aber leider hatte Benandonner Wind von der ganzen Angelegenheit bekommen und machte sich an die Verfolgung Fionns. Denn nun wollte er seinerseits dem zänkischen Nachbarn eine Abreibung erteilen. Fionn erschrak fürchterlich, doch seine clevere Frau sann auf eine List. Sie steckte ihren Mann in eine Wiege, deckte ihn mit zartrosa Spitzendecken zu und stopfte ihm einen überdimensionalen Schnuller in den Mund. Als Benandonner nun eintraf, zuckte sie mit den Schultern. Nein, sagte sie, Fionn sei nicht da, sie wisse nicht, wann er wiederkomme. Im Übrigen müsse sie sich nun um ihr Baby kümmern.

Da fiel der Blick Benandonners auf das riesige Baby in der Wiege. Wenn schon sein neugeborenes Kind so groß war, wie groß musste dann dieser Fionn erst sein? Besser wäre es wohl, die Begegnung mit einem derartigen Hünen zu vermeiden! Deshalb verabschiedete sich Benandonner höflich und kehrte schnellstmöglich nach Hause zurück.

Was vom Streit der Giganten übrigblieb, ist der Giant's Causeway an Irlands Nordküste, UNESCO Welterbe seit 1986, eine der spektakulärsten Sehenswürdigkeiten des Landes und der irische Touristenmagnet schlechthin. Rund vierzigtausend gleichmäßig geformte Säulen bilden eine so fantastische Kulisse, dass sich der Gedanke geradezu aufdrängt, dieses Meisterwerk sei von Menschenhand geschaffen. Weil aber die größten der Säulen eine Höhe von zwölf Metern erreichen und die gesamte Schicht bis zu 25 Meter dick ist, muss hier doch wohl ein Riese am Werk gewesen sein!

Leider ist keine alte Legende davor gefeit, dass eines Tages Besserwisser auf den Plan treten und für Ernüchterung sorgen. Da behaupten doch Wissenschaftler ernsthaft, der Giant's Causeway sei gar nicht das Werk des Riesen Fionn MacCumhaill. Vielmehr sei vor sechzig Millionen Jahren an dieser Stelle ein Vulkan ausgebrochen, die Lava sei in seinem Schlot langsam und gleichmäßig abgekühlt und habe deshalb diese überaus gleichförmigen Basaltsäulen bilden können. Der verantwortliche Vulkan sei inzwischen von Wind und Wetter abgetragen worden, übrig blieb nur das geologische Wunderwerk der Säulen. Da können sie uns viel erzählen, oder?

Tatsächlich reisten nicht nur die beiden Riesen von einem Land ins andere, auch die Insel Irland ist eine

Reisende. Betrachtet man ihre Geschichte, so kommt man ganz schön ins Staunen.

Irlands Odyssee beginnt vor sechshundert Millionen Jahren, als sich die Insel in zwei Teile trennte. Der eine Teil machte sich auf den Weg nach Osten, der andere schlug die westliche Richtung ein. Nur über die geografische Breite waren die beiden sich einig: Sie dümpelten ungefähr auf dem Breitengrad herum, auf dem sich heute Südafrika, Uruguay und der Süden Australiens befinden. Außerdem tauchten sie ab und befanden sich nun unterhalb des Meeresspiegels.

Rund fünfzig Millionen Jahre dauerte es, bis die beiden sich entschlossen, wieder aufeinander zuzudriften. Vor vierhundertvierzig Millionen Jahren hatten sie es endlich geschafft: Sie vereinigten sich wieder, und dabei knutschten sie sich so heftig, dass ihr Gestein im Bereich von Donegal und Wicklow durch Druck und Hitze zu Granit verhärtet wurde. Die enormen Kräfte bewirkten auch, dass Irland nun wieder aus dem Wasser herauslugte. Es war erneut zur Insel geworden und befand sich inzwischen auf Höhe des Äquators. Der rote Sandstein, den man in Irland findet, bildete sich in dieser Zeit.

Schon bald darauf tauchte Irland wieder ab, ein Schicksal, dass es mit ganz Nordwesteuropa teilte. Ein warmer, flacher Ozean bedeckte nun das ganze Land. Das waren ideale Lebensbedingungen für Korallen, und so formten sie Riffe ungeheuren Ausmaßes. Aus diesen Riffen entstand der Kalkstein, aus dem heute weite Teile Irlands bestehen.

Als Irland vor dreihundert Millionen Jahren wieder aus dem Ozean auftauchte, entstanden riesige Urwälder und Sümpfe. Gleichzeitig setzte die Insel ihre Reise nach Norden weiter fort, durch den dabei entstehenden Druck bildeten sich ausgeprägte Hügelketten an der gesamten Westküste.

Das unaufhaltsame Driften in Richtung Norden hatte zur Folge, dass Irland irgendwann vor zweihundertfünfzig Millionen Jahren die geografische Breite des heutigen Nordafrika erreichte. Nun war es vorbei mit der tropischen Feuchtigkeit, an ihre Stelle trat lebensfeindliches Wüstenklima. Die Wälder verschwanden, und die großen Temperaturunterschiede zwischen Tag und Nacht gaben der Erosion kräftigen Auftrieb. Dadurch entstanden Landschaften wie die Burren, jene schon erwähnte zweihundertfünfzig Quadratkilometer große Karstlandschaft in Irlands Westen, deren Kalkstein durch knietiefe Furchen in rechteckige Platten unterteilt ist. Darunter befinden sich ausgedehnte Höhlensysteme.

Vielleicht wurde es Irland dann irgendwann zu heiß und zu trocken, jedenfalls versank es vor hundertfünfzig Millionen Jahren schon wieder im Meer. In dieser Periode bildeten sich neue Kalkablagerungen. Fünfundachtzig Millionen Jahre lang blieb Irland unter Wasser, dann war es wieder obenauf. Das ganze Hin und Her hatte für Unruhe innerhalb der Erdkruste gesorgt, und diese reagierte jetzt mit heftigem Vulkanismus. Das bescherte Irland etliche Gebirgszüge und – den Giant's Causeway, zunächst noch verborgen im Schlot des Vulkans.

Irland hatte inzwischen Breiten mit deutlich günstigerem Klima erreicht, was mit ausgiebigen Regenfällen verbunden war. Die Vegetation freute sich, aber auch die Erosion rieb sich die Hände. Hohe Gipfel und Vulkane wurden abgetragen, in den Tälern bildete sich eine dicke Schicht Erde. Je weiter die Reise nach Norden ging, desto kühler wurde es. Vor rund fünfundzwanzig Millionen Jahren war Irland schließlich ungefähr da angekommen, wo es sich noch heute befindet.

Nun begann das Klima auf der Erde Kapriolen zu schlagen. Die Gletscher der Eiszeiten machten sich daran, das heutige Gesicht Irlands zu gestalten. Heraus kamen so faszinierende Formationen wie der Ben Bulben bei Sligo in der Provinz Connacht im Nordwesten von Irland. Der 527 Meter hohe Tafelberg wirkt mit seinem beachtlich großen Hochplateau wie oben abgeschnitten, und tatsächlich waren es gewaltige Gletscher, von denen die Kalksteingipfel des früheren Bergrückens abgetragen wurden. Aber die Gletscher hinterließen auch Seen, charakteristische Hügel und weite Täler, wie zum Beispiel Glendalough. Überall, wo das Wasser aufgrund der geomorphologischen Gestalt der Landschaft nicht abfließen konnte, entstanden Moore. Diese findet man vor allem im regenreicheren Norden und

Westen der Insel. Hier bildete sich Torf, der für die Menschen auf Irland über Jahrhunderte hinweg das wichtigste Heizmaterial gewesen ist. Schon die Bauern der Jungsteinzeit hatten nämlich die Bäume Irlands im Wesentlichen gefällt. Der Kahlschlag schuf in den Mooren ideale Lebensbedingungen für Heide und Binsen, die wiederum für die Entstehung der Torfschicht sorgten. Durch das Torfstechen, das seit der Mitte des letzten Jahrhunderts mithilfe von Maschinen ein industrielles Ausmaß erreicht hat, sind die Moore inzwischen gefährdet. Deshalb werden heute vom Staat Maßnahmen zur Eindämmung des Torfabbaus getroffen.

Wohin die Reise Irland in den nächsten Jahrmillionen führen wird, weiß ich nicht. Unsere eigene Reise führt uns hingegen zum Giant's Causeway, einem Ziel, das wohl kein Besucher der Insel auslässt. So sind sie denn auch schon alle da, die Touristen in ihren kunterbunten Windjacken, und klettern auf den Basaltsäulen herum, als sei das Ganze ein riesiger Abenteuerspielplatz. Ein modernes Besucherzentrum trägt dem Ansturm Rechnung und liefert jede denkbare Erklärung für die Entstehung des Naturwunders. Da erteilt man den Wissenschaftlern das Wort, aber auch Fionn MacCumhaill kommt zu seinem Recht.

Manche nennen ihn übrigens Find Mac Umaill oder auch Finn McCool. Und wieder andere behaupten, die Geschichte sei eigentlich ganz anders gewesen. In Wirklichkeit seien die beiden Riesen sich nämlich durchaus persönlich gegenübergetreten und hätten miteinander gekämpft. Irgendwann im Eifer des Gefechts griff Fionn MacCumhaill dann in seiner maßlosen Wut zu einem riesigen Stein und schleuderte diesen gegen seinen Widersacher. Der Stein verfehlte indes sein Ziel und landete als Isle of Man in der Irischen See. Ein beachtlicher Wurf war das, und natürlich musste die Entnahme eines solchen Brockens auch Spuren auf dem Land hinterlassen, dem er entrissen wurde. Wo er sich einst befand, liegt heute das Lough Neagh, der größte See Britanniens und der zweitgrößte der Insel Irland, ungefähr dreißig Kilometer westlich von Belfast. Nur Spielverderber können da behaupten, dieser See sei durch das Abschmelzen eines eiszeitlichen Gletschers vor zwanzigtausend Jahren entstanden.

Weil ich aber kein Spielverderber bin, erzähle ich Ihnen noch rasch die letzte Version von der Entstehung des Giant's Causeway. Wieder spielt Fionn MacCumhaill die Hauptrolle, doch dieses Mal ist er ein Kommandant in der Armee des Hochkönigs von Tara. Fionn verliebte sich eines Tages in eine wunderschöne Frau, die auf der schottischen Insel Staffa lebte. Das ist nun wirklich ganz schön weit weg, rund hundert Kilometer nördlich des Giant's Causeway. Aber Fionn MacCumhaill ließ sich davon nicht beirren und baute den „Damm des Riesen", um trockenen Fußes zu seiner Geliebten gelangen zu können.

Nun haben wir vier verschiedene Möglichkeiten, die uns die Entstehung der Basaltsäulenformation des Giant's

Causeway erklären. Fionn MacCumhaill ist die Hauptfigur in immerhin drei dieser Geschichten, bloß die Geologen erwähnen ihn nicht. Entscheiden Sie selbst, welche der vier Versionen Sie für die richtige halten!

Shrimps Catcher Breakfast

Zutaten für 4 Personen: *500 g Shrimps, 1 kg mehlig kochende Kartoffeln, 150 g gewürfelter Speck, 12 Gewürzgurken, 1 rote Paprika, 1 Zwiebel, 1 Bd. Schnittlauch, 60 g Butter, Bratfett, Cayennepfeffer, Salz, Pfeffer*

Zubereitung: *Die Kartoffeln schälen und in kleine Würfel schneiden. Die Paprika halbieren, entkernen und ebenfalls in kleine Würfel schneiden. Den Schnittlauch in feine Röllchen schneiden. Die Zwiebel schälen und fein würfeln. Die Gewürzgurken in dünne Streifen schneiden.*

In einer Pfanne etwas Bratfett erhitzen und zunächst die Speckwürfel glasig braten, dann Zwiebeln und Paprika hinzugeben und leicht braun werden lassen. Aus der Pfanne nehmen und sodann etwas Bratfett und die Kartoffeln hineingeben, mit Salz und Pfeffer würzen und bei mittlerer Hitze 30 Minuten lang braten, dabei immer wieder wenden. 5 Minuten vor Ende der Garzeit die Paprika-Zwiebel-Speck-Mischung unterheben. Zum Schluss die Gurkenstreifen untermengen, die Pfanne mit dem Deckel verschließen und bis zum Servieren warm halten.

In einer weiteren Pfanne Bratfett erhitzen und die Shrimps von jeder Seite ca. 1 Minute lang braten, bis sie appetitlich rosa sind. Mit Salz, Pfeffer und Cayennepfeffer würzen.

Die Kartoffelmischung auf Tellern anrichten und die Shrimps darauflegen. Mit dem Schnittlauch bestreuen und servieren.

Dazu passen Brown Bread und Spiegeleier.

Der wilde Oscar – wer nicht auf seine Weise denkt, denkt überhaupt nicht

Im Writers Museum von Dublin hängt eine Schwarzweißaufnahme des Schriftstellers Oscar Wilde. Mit seinem pelzbesetzten Mantel wirkt er ausgesprochen extravagant, wie er dort sitzt und sein vorgebeugtes Haupt auf die linke Hand stützt. In der Rechten hält er lässig einen Spazierstock, und unter seinem wallenden Dichterhaar sieht er mit sanften, tiefgründigen Augen hervor. Ihr Ausdruck ist verwirrend, er wirft mehr Fragen auf, als dass er Antworten gibt. Wilde schaut herausfordernd und wissend, verführerisch und verlockend, und doch liegen auch Skepsis und Arroganz in diesem Blick. Mit seinem femininen Flair ist Wilde so etwas wie der Prototyp eines Bohemiens aus dem späten neunzehnten Jahrhundert, ein unwiderstehlicher Dandy. Jede Nuance seiner Haltung verrät, dass er sich seiner Wirkung durchaus bewusst ist. Er ist ein Charismatiker, dem die Herzen wohl reihenweise zufliegen. Aber seine leicht trivial wirkende Selbstverliebtheit hat einen ernsthaften Beigeschmack. Dieser Mann hat das Leben besser verstanden als die meisten anderen. Auch das verrät der Blick von Oscar Wilde. „Leben – es gibt nichts Selteneres auf der Welt. Die meisten Menschen existieren, weiter nichts."

Oscar Wilde wurde auf der Sonnenseite dieses Lebens geboren, als er am 16. Oktober 1854 in Dublin das

Licht der Welt erblickte. Seine Eltern waren Intellektuelle, der Vater Arzt und Autor, die Mutter Lyrikerin, und so wuchs der kleine Oscar inmitten von hochgebildeten Schriftstellerkreisen heran. Schon früh verfügte er über gute Kontakte und konnte sich entsprechend entfalten. Er erwies sich zudem als ausgesprochen scharfsinnig, deshalb studierte er Literatur und verließ schon bald seine irische Heimat, um seine Ausbildung an der Universität von Oxford zu vertiefen. Später zog es ihn ins kosmopolitische London.

Es zeigte sich, dass er es wie kaum ein anderer verstand, spielerisch mit der Sprache zu jonglieren. Diese Fähigkeit nutzte er, um Oberflächlichkeit, Arroganz, Standesdünkel und Dummheit der Menschen anzuprangern. Pointiert und raffiniert spinnt er die Dialoge seiner Protagonisten derartig, dass man noch heute beim Lesen seiner begnadet formulierten Sätze oft erstaunt innehält. Denn aus Oscar Wilde spricht nicht nur seine Weisheit, da sprechen auch brillanter Witz und feine Ironie.

„Das Leben ist eine Bühne, aber das Stück ist schlecht besetzt." Als überzeugter Sozialist hielt Oscar Wilde der Gesellschaft deshalb gnadenlos den Spiegel vor. In einer Epoche der Biedermänner und Duckmäuser machte ihn das zum Skandalautor. Als solcher wurde er vielfach bewundert, aber auch beneidet und offen angefeindet, denn Wilde nahm kein Blatt vor den Mund: „Lieber mache ich mir einen Feind, als dass ich auf eine Pointe verzichte."

Auch nahm man ihm sein exaltiertes Auftreten übel, das er ganz unter dem selbsterklärten Motto pflegte: „Mäßigkeit ist verhängnisvoll, nichts hat so viel Erfolg wie das Übermaß." Wilde wirkte einerseits überaus exzentrisch und glamourös, andererseits aber ganz und gar nicht maskulin. Im prüden Viktorianischen Zeitalter kam das nicht gut an. Und obwohl er verheiratet war und zwei Söhne hatte, machte er schon bald keinen Hehl mehr aus seiner Homosexualität. Damit folgte er seinem eigenen Leitsatz: „Es kommt für jeden der Augenblick der Wahl und der Entscheidung: Ob er sein eigenes Leben führen will, ein höchst persönliches Leben in tiefster Fülle, oder ob er sich zu jenem falschen, seichten, erniedrigenden Dasein entschließen soll, das die Heuchelei der Welt von ihm begehrt."

Das allerdings sollte ihm zum Verhängnis werden, denn die Homophobie seiner Zeitgenossen war nicht zu unterschätzen. Man machte ihm den Prozess, als herauskam, dass er mit Strichjungen verkehrt hatte. Es gab einen gewaltigen Eklat, und Wilde musste für zwei Jahre ins Zuchthaus.

„Man kann nicht vorsichtig genug sein bei der Wahl seiner Feinde", hatte er einmal gesagt, und nun zeigte sich, wie richtig er damit lag. Denn die großen Persönlichkeiten des englischsprachigen Geisteslebens wandten sich empört von ihm ab. Kein Einziger von ihnen erklärte sich dazu bereit, eine Petition für Wildes Begnadigung zu unterschreiben, die seine wenigen Freunde in die Wege leiteten. Nur Wildes gleichaltriger Dubliner Dichterkollege George Bernard Shaw unterzeichnete das Papier, denn er betrachtete sich als entschlossenen Kämpfer gegen Vorurteile. Doch er konnte es sich dabei nicht verkneifen, Oscar Wilde als „unproduktiven Trunkenbold“ zu diffamieren.

Alle Übrigen hielten es mit dem Richter, der in seiner Urteilsbegründung sagte: „Es hat keinen Sinn, dass ich das Wort an Sie richte, Mr. Wilde. Leute, die solche Dinge tun, müssen für jedes Schamgefühl erstorben sein, und es lässt sich nicht erhoffen, dass man auf Sie einwirken kann. Dieser Fall ist der schlimmste, den ich je verhandelt habe. Nach meiner Meinung ist aber auch das zulässig strengste Urteil unzulänglich für den Fall, mit dem wir es hier zu tun haben.“ Wie bigott die ganze Verhandlung verlief, die diesen harten Worten vorausging, zeigt sich in der Tatsache, dass die verhörten Strichjungen die prominenten Namen ihrer anderen Freier nicht aussprechen durften, sondern auf Zetteln zu notieren hatten, die der Öffentlichkeit nicht zugänglich gemacht wurden.

„Ich habe gelernt, dass nicht das, was ich tue, falsch ist, sondern das, was infolge meines Handelns aus mir wird“, hatte Oscar Wilde einmal notiert. An der harten Zwangsarbeit, die ihm im Zuchthaus auferlegt wurde, zerbrach der zarte Mann. Als er entlassen wurde, war seine Gesundheit ruiniert. Und nicht nur das, er war auch nachhaltig gesellschaftlich diskriminiert und ins Abseits gestellt. Deshalb floh er nach Paris, wo er seine letzten drei Lebensjahre inkognito und völlig verarmt verbrachte. Auch dieses Schicksal hatte Wilde vorhergesagt: „Jedermann wird als König geboren. Und die meisten sterben im Exil – wie so viele Könige.“

Er wurde nur 46 Jahre alt. Es war ein trüber Wintertag im ausgehenden Jahr 1900, als Oscar Wilde auf dem Pariser Friedhof Bagneux beigesetzt wurde, und nur zehn oder elf treue Freunde gaben ihm das letzte Geleit. Darunter befand sich der Besitzer des Hotels, in dem er seine letzten Jahre verbracht hatte. Dieser gehörte zu den wenigen, die Wildes außerordentliches Genie zu schätzen wussten. Er überließ ihm deshalb das beste Zimmer seines Hauses, obwohl Wilde nicht dafür bezahlen konnte. Und hier bewahrte der Dichter seinen Humor offensichtlich trotz allem bis zum Schluss, denn seine letzten Worte sollen gewesen sein: „Entweder geht diese scheußliche Tapete – oder ich.“

„A mon locataire“ – „Für meinen Mieter“ lautete die schlichte Aufschrift auf dem Kranz, den der Hotelier zur Beerdigung brachte. Was für ein trauriger Abgang für solch einen großen Mann.

Wenige Jahre später wurden Wildes Gebeine auf den vornehmen Parkfriedhof Père Lachaise überführt. Freunde kauften seine beschlagnahmten Güter zurück, und endlich fanden seine Werke die Anerkennung, die ihnen gebührte. Seine „Salome“ wurde in Paris mit der Jugendstil-Ikone

Sarah Bernhardt in der Titelrolle uraufgeführt und später von Richard Strauß als Oper vertont. Seine Bücher wurden in alle erdenklichen Sprachen übersetzt, seine Theaterstücke werden immer wieder an den großen und kleinen Bühnen der Welt aufgeführt. Sein einziger Roman „Das Bildnis des Dorian Grey" gehört zu den bahnbrechendsten, vielschichtigsten und atemberaubendsten Werken der Weltliteratur. Nach William Shakespeare ist Oscar Wilde der meistgelesene Autor aus dem englischen Sprachraum.

Wenn auch seine letzten Jahre von Schmerz und Elend geprägt waren, so verlor Wilde doch nie seine optimistische Lebenseinstellung. „Vergib stets deinen Feinden. Nichts ärgert sie so", kommentierte er seine bitteren Erfahrungen. Und seinem jammervollen Absturz zu Trotz hat er den zukünftigen Triumphzug seiner Werke womöglich vorhergesehen, denn er wusste: „Die Anzahl unserer Neider bestätigt unsere Fähigkeiten."

Gooseberry Pie - Stachelbeertorte

Zutaten: *800 g Stachelbeeren, 150 g Mehl, 5 Eier, 250 g weißer Zucker, 50 g brauner Zucker, 100 g Butter (zimmerwarm), 80 g gehackte Mandeln, 300 ml Sahne, 4 cl Whiskey, 1 Pck. Backpulver, 100 ml Weißwein, 1 Pck. Vanillepuddingpulver, ¼ Tl gemahlener Zimt, Salz, Butter zum Einfetten der Springform*

Zubereitung: *Die Eier in Eigelb und Eiweiß trennen. Die Butter mit 50 g weißem Zucker und einer guten Prise Salz mithilfe des Handrührgeräts auf höchster Stufe schaumig schlagen.*

Dann nach und nach die Eigelb untermengen, den braunen Zucker und die Hälfte des Whiskeys hinzugeben. Das Backpulver unterrühren, danach das Mehl hinzustreuen und alles zu einem homogenen Teig verarbeiten. Den Teig in eine mit Butter gut eingefettete Springform füllen.
Den Backofen auf 160°C vorheizen und Umluft hinzuschalten. Den Teig 30 Minuten lang backen. Dann herausnehmen und etwas abkühlen lassen. Den Backofen nicht ausschalten.
Nun die Eiweiß mit 150 g Zucker und einer guten Prise Salz zu sehr steifem Eischnee schlagen. Den Eischnee auf dem Teig in der Springform verteilen und die Form für weitere 20 Minuten zurück in den Backofen stellen. Das Baiser soll dabei keine Blasen werfen, sollten sich welche bilden, drückt man diese mit einem Löffel zurück.
Nach dem Backen aus dem Ofen nehmen und 20 Minuten lang in der Form auskühlen lassen. Dann vorsichtig aus der Form lösen und den Kuchen mit einem Messer in zwei Böden trennen. Den oberen Boden mit dem Baiser beiseitestellen, den unteren in einen Tortenring legen.
Die Stachelbeeren waschen, putzen und zusammen mit dem Weißwein und 50 g Zucker in einem Topf aufkochen. Bei mittlerer Hitze 20 Minuten lang köcheln lassen, dabei immer wieder rühren. Dann das Puddingpulver unterrühren und kurz aufkochen. Vom Herd nehmen, die Mandeln, den Zimt und den restlichen Whiskey unterrühren und die Masse ganz abkühlen lassen.
Die Sahne steif schlagen und unter die Stachelbeermasse heben. Dann die Masse auf dem Boden im Tortenring verteilen. Den Boden mit dem Baiser oben aufsetzen und die Torte vor dem Verzehr 3 Stunden lang im Kühlschrank durchziehen lassen.

Das Spiel der Throne und andere Dramen – Drehorte in Irland

Beschäftigt man sich mit Irland, wird man irgendwann zwangsläufig einem Foto der „Dark Hedges" begegnen. So ging es natürlich auch mir, und was ich da sah, zog mich so unwiderstehlich in seinen Bann, dass ich alles daransetzte, um dorthin zu kommen. Koste es was es wolle, kein Weg war zu lang! Zum Glück sind die Dark Hedges aber nicht allzu weit vom Giant's Causeway entfernt, und fährt man von diesem in südlicher Richtung, so ist es nur noch ein kleiner Abstecher dorthin. Ich musste also gar keine außerordentlichen Beschwernisse auf mich nehmen.

Die Dark Hedges sind eine Allee aus hohen Bäumen, die ihre kahlen Stämme gegeneinander neigen und mit dem knorrigen Astwerk in bizarren Formen eine Art Tunnelgewölbe bilden. Was so profan klingt, sieht in Wirklichkeit absolut magisch aus, es ist ein mystischer Hexenwald, der wirklich atemberaubend ist. Die imposanten Bäume sind nichts als gewöhnliche Buchen, die im achtzehnten Jahrhundert von der Familie Stuart gepflanzt wurden, um die Zufahrt zu ihrem gregorianischen Anwesen, dem Gracehill House, standesgemäß zu rahmen. Doch was der Wind und die Zeit aus diesen Buchen geformt haben, ist eines der spektakulärsten Naturphänomene von Irland.

Natürlich bin ich weder die Einzige noch die Erste, die der Faszination der Dark Hedges erlegen ist. Vor mir kamen zahllose Fotografen, und außerdem kam auch der Locationscout der Erfolgsserie „Game of Thrones".

„Das ist der Knaller", wird er wohl ausgerufen haben, denn die Szenerie ist als Drehort für eine Fantasy-Reihe wie geschaffen. Bombastischer, überwältigender, geheimnisvoller und vor allen Dingen echter könnte das wohl kein Gestalter von Filmkulissen erdenken, geschweige denn umsetzen.

So zieht denn Arya Stark nach ihrer Flucht aus Königsmund mit ihrem Gefolge in der ersten Episode der zweiten Staffel wirkungsvoll durch die Allee der Dark Hedges. Als Kulisse für Königsmund diente übrigens das kroatische Dubrovnik, schlappe 2.250 Kilometer von den Dark Hedges entfernt, aber wer will bei einer Fantasy-Serie schon pingelig sein. Die düstere Szene des Trosses von Arya Stark, der zwischen nebelbleichen Wiesen unter dem grauverschlungenen Geäst der Dark Hedges hindurchzieht, ist so eindringlich, dass sie ein bisschen geografische und damit auch botanische Pfuscherei durchaus rechtfertigt.

Überhaupt hat Irland an spektakulären Drehorten so einiges zu bieten, und das wussten die Macher von „Game of Thrones". Irland lieferte der Serie so viele Schauplätze, dass es in Nordirland sogar eine 390 Kilometer lange „Game of Thrones Route" gibt, auf der Fans die schönsten Drehplätze besuchen können. Sie folgt der Nordostküste am Lough Neagh bis zum Shanes Castle, der Ruine einer Burg aus dem vierzehnten Jahrhundert, in der zahlreiche

Szenen von „Game of Thrones“ abgedreht wurden. Als kleines Extra gibt es im Shanes Castle sogar noch echten Spuk, denn hier treibt Neinny Roe ihr Unwesen. Sie war eine Tochter des Hauses, verschwand jedoch eines Tages aus unerklärlichen Gründen. Man hielt ihr Zimmer stets für ihre Rückkehr bereit. Die Gute kam auch zurück, allerdings als Todesfee, um in finsteren Nächten durch die Burg zu geistern und so manche Seele mit sich ins Jenseits zu entführen. 1816 zerstörte ein Brand das Shanes Castle. Doch es heißt, dass Neinny Roe bis zum heutigen Tage zurückkehrt, um vor drohendem Unheil zu warnen. Und wer ihre Warnung in den Wind schlägt, den nimmt sie gleich mit sich hinüber ins Geisterreich.

Wer überlebt hat, reist weiter zum Dorf Ballygally, in dessen Nähe man mit Cairncastle einen weiteren Schauplatz von „Game of Thrones“ findet. Hier, in der sturmumtosten Hochebene, richtete der Lord von Winterfell in der ersten Staffel einen Deserteur der Nachtwache hin. Und wer noch ein bisschen mehr Mystikluft schnuppern möchte, der besucht das Fort und die Rundhäuser von Knockdhu, die aus der Bronzezeit stammen und etwa eine Meile westlich von Cairncastle liegen. Auch hier entstanden Aufnahmen für eine Fernsehserie, die britische Produktion „Time Team“, die einem breiten Publikum die Archäologie schmackhaft machen sollte. Doch das Publikum hatte wohl keinen Appetit, die Serie floppte und schaffte es gar nicht erst auf deutsche Bildschirme.

Wenn man einmal dort ist, besucht man vielleicht noch die St. Patrick's Church von Cairncastle, auf deren Friedhof ein spanischer Edelmann ruht, der nach dem Untergang der Armada 1588 vor der Küste Nordirlands ertrank. Über seinem Grab wölbt sich eine spanische Kastanie, die angeblich tatsächlich aus dem sechzehnten Jahrhundert stammt.

Weiter führt der Weg nach Glenarm, wo die Schlachten um den Thron von Westeros gedreht wurden, und zum Slemish Mountain. Dieser erloschene Vulkan wartet wiederum mit einer ganz besonderen Geschichte auf. Denn hierher soll der Knabe Patrick von den Sklavenjägern verschleppt worden sein, als man ihn seiner Familie entrissen hatte. An den Hängen des Slemish Mountain hütete er seine Herden, und in der majestätischen Einsamkeit des Berges, so heißt es, fand St. Patrick schließlich seine tiefe Verbindung zu Gott. Grund genug, um auch hier ein paar Filmszenen abzudrehen.

Wer der Küste weiter folgt bis zum Giant's Causeway, der wird dabei noch auf etliche weitere Drehorte treffen. Einzig der Causeway selbst blieb vom Aufnahmeeifer der „Game of Thrones"-Macher verschont, denn hier verweigerte man dem Team die Dreherlaubnis. Ich glaube, die vielen farbenfrohen Windjacken hätten als Kulisse auch etwas merkwürdig gewirkt.

Deshalb verlagerte sich die Produktion zum Mussenden Temple hoch über der Kliffküste im County

Londonderry. Dieses pittoreske Kleinod entstand 1785 nach dem Vorbild des römischen Vestatempels als Sommerbibliothek des Bischofs von Derry. Die Erosion hat dafür gesorgt, dass der säulengeschmückte Rundbau inzwischen unmittelbar an der Abbruchkante der Klippen steht. Wer sich dennoch traut, der kann sich hier trauen lassen.

Nun geht es endlich zu den Dark Hedges. Aber obwohl es schon Abend ist, als wir dort eintreffen, kann von mystischer Atmosphäre keine Rede sein. Denn natürlich sind wir nicht die einzigen, die das Naturwunder bestaunen wollen. Langsam durch die Allee rollende Autos und all die Hobbyfotografen in ihren unvermeidlichen vielfarbigen Outdoorjacken lassen wenig Raum für geheimnisvollen Zauber.

Wann sind nur die großartigen Fotos entstanden, die ich zuvor bewundert hatte? Vermutlich in den frühen Morgenstunden, denn in der Abenddämmerung empfiehlt es sich nicht, noch hier zu sein. Dann geistert nämlich die Grey Lady durch die Dark Hedges, so munkelt man. Und wer weiß, was sie im Schilde führt.

Später kehren wir in Bushmills ein, einem kleinen Weiler, der rund fünfzehn Kilometer von den Dark Hedges entfernt liegt. Auch hier gibt es eine Besonderheit, denn Bushmills kann mit der ältesten Whiskeybrennerei Irlands aufwarten. Seit 1608 wird hier Whiskey gebrannt, und für wenig Geld kann man an einer Führung teilnehmen. Doch weil die Destillerie jetzt schon geschlossen ist, verkosten wir ihr Gebräu in einer Gaststätte im Dorf.

Mit dem freundlichen Wirt kommen wir schnell ins Gespräch, und wir erzählen von unseren Erfahrungen mit den Drehorten von „Game of Thrones“. Interessiert hört er zu, doch dann winkt er ab.

„Pah“, sagt er verächtlich, „Game of Thrones! Die herrliche irische Landschaft bot schon die Kulisse für etliche andere Produktionen“, lässt er uns wissen. Als er unseren fragenden Blick bemerkt, beginnt er, davon zu erzählen.

Da ist zum Beispiel „Harry Potter“, für den eine Schlüsselszene an den Cliffs of Moher entstand. Oder „Braveheart“ aus dem Jahr 1995, ein Film, der zwar in Schottland spielt, aber weitgehend in Irland gedreht wurde. Die eckige Kastellruine des Trim Castle in der Grafschaft Meath diente dabei als Carlisle Castle. Am Trim Castle entstand auch die Fantasy-Serie „Mystic Knights – Die Legende von Tir Na Nog“, die auf einer alten irischen Sage basiert.

Der Film „King Arthur“ von 2004 wurde in Irland gedreht, aber auch „Moby Dick“ aus dem Jahr 1956. Die Landszenen dieser Filmlegende wurden in Youghal im County Cork aufgenommen. Und wer denkt, die Atmosphäre an der Berliner Mauer und am Checkpoint Charlie im James-Bond-Film „Der Spion, der aus der Kälte kam“ sei besonders authentisch eingefangen, der sollte nach

Smithfield in der Northside von Dublin fahren. Die Filmszenen entstanden nämlich hier.

Die dramatischen Strandszenen aus Stephen Spielbergs „Der Soldat James Ryan“ wurden am Curracloe Beach im County Wexford aufgenommen, und der gesamte Fantasyfilm „Excalibur“ von 1981 entstand in Irland, inklusive der Szenen am Wasserfall. Dafür diente der 121 Meter hohe Powerscourt Waterfall im County Wicklow als Kulisse.

„Das sind nur ein paar Beispiele“, schließt der Wirt seinen Bericht. „Und erinnern Sie sich an die Schlussszene aus ‚Das Erwachen der Macht‘, dem siebten Star-Wars-Film? Die entstand auf Skellig Michael, einer winzigen, steilen und felsigen Insel zwölf Kilometer vor der Küste von Kerry. Ein fantastischer Ort, denn hier gab es ab dem siebten Jahrhundert ein Kloster. Zwölf Mönche und ein Abt – die gleiche Zahl wie Christus und seine Apostel – lebten in kleinen Steinzellen oberhalb der Klippen, sogenannten ‚Bienenkorbhütten‘. Seit Ende des elften Jahrhunderts ist der Ort verlassen, aber wer möchte, kann sich vom Fischerdorf Portmagee aus mit einem kleinen Boot hinüberbringen lassen. Das fasst nur dreizehn Personen, man fühlt sich dann auf der Insel also ganz so wie einst die Mönche!“

Was für ein reizvoller Gedanke, diese einsame Insel zu besuchen! Ich ertappe mich bei der Hoffnung, dass die anderen zwölf Teilnehmer der Exkursion nicht allzu bunte Anoraks mitnehmen…

Dumpling Stew – Eintopf mit Klößen

Zutaten für 4 Personen: *500 g festkochende Kartoffeln, 100 g Graupen, 4 Zwiebeln, ¼ Weißkohl, 8 Möhren, 200 g grüne Erbsen (tiefgekühlt), 2 Porreestangen, ¼ Sellerieknolle, 4 Pastinaken, 2 Petersilienwurzeln, 2 Knoblauchzehen, 1 Bd. Blattpetersilie, 4 Lorbeerblätter, 6 Wacholderbeeren, 200 g Mehl, 1 Tl Natron, 80 g Butter (zimmerwarm), Salz, Pfeffer*

Zubereitung: *Kartoffeln, Zwiebeln, Weißkohl, Möhren, Sellerie, Pastinaken, Knoblauch, Petersilienwurzeln und Sellerie schälen bzw. putzen und würfeln bzw. klein schneiden. Das Gemüse in einen Schmortopf geben, salzen und pfeffern. Die Lorbeerblätter hinzufügen, die Wacholderbeeren in ein Teeei geben und ebenfalls hinzugeben. Zum Schluss die Graupen über allem verteilen und 1,2 l Wasser darübergießen. Abdecken und aufkochen lassen, 5 Minuten weiterkochen, dann den Deckel entfernen, umrühren und das Ganze für 1 Stunde in den auf 180°C vorgeheizten Backofen stellen.*

Die Petersilienblättchen abzupfen und hacken.

Das Mehl mit dem Natron, der Butter und 100 ml kaltem Wasser zu einem glatten Teig verkneten, dabei salzen, pfeffern und die Hälfte der Petersilien daruntermengen. Nun mit den Händen 12 Klöße daraus formen.

Das Stew gut umrühren, dabei die Erbsen hinzugeben, und dann die Klöße oben aufsetzen. Die Temperatur des Backofens auf 200°C erhöhen und das Stew noch einmal 45 Minuten lang weiterbacken, bis die Klöße an der Oberseite gebräunt sind.

Vor dem Servieren mit der restlichen Petersilie überstreuen. Wer Lorbeerblätter und Teeei findet, darf sich freuen!

Vom Raunen zwischen den Gräbern – die Klosterruinen von Irland

Was wäre Irland ohne seine Klöster? Überall auf der Insel findet man die Ruinen alter und uralter Klosteranlagen, und stets liegt der geheimnisvolle Hauch einer längst versunkenen Vergangenheit über den Gemäuern, den Grabsteinen, den verfallenen Kirchen und den keltischen Kreuzen. Welche Geschichten könnten sie uns erzählen, wer mag hier aus- und eingegangen sein, welche Mysterien, welche Glücksmomente, welche Dramen haben sich hier ereignet? Kein ausgewogener Irland-Reiseplan ohne den Besuch in mindestens einer dieser Anlagen, und die meisten Touren haben sogar gleich zwei der berühmtesten Klosterruinen im Sortiment: Glendalough und Clonmacnoise.

Der Klosteranlage von Clonmacnoise haben wir auf dem Weg nach Connemara einen Besuch abgestattet. Sie liegt in der weiten Ebene, die sich im Landesinneren Irlands ausdehnt, ziemlich genau in der Mitte der Insel und praktischerweise nicht weit von der Autobahn M6, die von Dublin nach Galway führt. Da drängt sich der Abstecher ja geradezu auf, wenn man den Connemara Nationalpark im Gebirge der Twelve Bens bei Clifden besuchen möchte, eine bildschöne Landschaft, die von ihren Fans als „das eigentliche Irland“ bezeichnet wird.

Clonmacnoise liegt am Ufer des Shannon, die Wurzeln der Klosteranlage reichen zurück bis ins sechste

Jahrhundert. Seine keltischen Kreuze, die Gebäude und die beiden Rundtürme sind aus hellem Gestein erbaut und bilden eine malerische Farbkomposition zusammen mit dem Wasser des Shannon, dem Himmel und dem Grün des Grases, das in Irland ohnehin grüner als anderswo ist und hier in Clonmacnoise vielleicht sogar noch ein bisschen grüner.

Die zentrale Lage im Herzen von Irland und an der Wasserstraße des Shannon verhalf Clonmacnoise schnell zu großer Blüte. Bis zum zwölften Jahrhundert entwickelte es sich zu Irlands spirituellem und kulturellem Mittelpunkt, sein Markt war der wichtigste des Landes. Handwerker schufen kostbare Schätze wie kunstvolle Reliquienschreine und filigran gearbeitete Bischofsstäbe, die weit über Irlands Grenzen hinaus hoch angesehen waren. Im Scriptorium von Clonmacnoise entstand eine Fülle kostbarer Handschriften, hier traf sich die geistige Elite der Insel. All das brachte dem Kloster großen Reichtum, doch dieser war schließlich der Anfang vom Ende. Denn Reichtum weckt Begehrlichkeiten. Wir haben ja schon mehrfach gehört, dass Irland ab dem neunten Jahrhundert durch ständige Überfälle der Wikinger drangsaliert wurde. Seit dieser Zeit war es vorbei mit dem klösterlichen Frieden.

In Clonmacnoise wusste man sich lange Zeit gegen die Räuber zu wehren. Die Mönche errichteten zwei der markanten Rundtürme, die so typisch für Irland sind. Heute gibt es noch 65 erhaltene Türme auf der Insel, es sollen jedoch früher weitaus mehr gewesen sein. Diese schlanken, spitz zulaufenden Bauwerke sind zwölf bis fast vierzig Meter hoch und wirken wie steinerne Raketen, die Richtung Himmel weisen. Sie wurden zwischen dem zehnten und dem dreizehnten Jahrhundert erbaut, die meisten aber im elften und zwölften Jahrhundert. Im Inneren der Türme verbanden leiterartige Treppen die hölzernen Zwischenböden miteinander. Licht konnte nur durch wenige winzige Fensteröffnungen einfallen, und der Eingang lag typischerweise in einer Höhe von drei Metern.

Das klingt nicht gerade nach Wohnkomfort. Warum erbauten die Mönche diese merkwürdigen Türme? In irischer Sprache heißen sie „cloigtheach", das bedeutet „Glockenhaus", und so vermutet man, dass sie als separater Glockenturm dienten, ähnlich den italienischen Campanile. Sie befanden sich nämlich immer ganz in der Nähe einer Kirche.

Doch die irischen Rundtürme erfüllten noch eine andere wichtige Funktion. In ihrem Inneren wurde der Klosterschatz aufbewahrt, hier lagerten goldene Kreuze, kostbare Bücher, wertvolle Reliquien und dergleichen mehr. Drohte ein Überfall, so kletterten die Mönche über eine an die Turmwand angelehnte Leiter ins Innere hinein und zogen danach die Leiter hoch. Dann verhielten sie sich mucksmäuschenstill und hofften, dass der Kelch an ihnen vorbeigehen würde. Die Zahl der erhaltenen Türme zeigt, dass diese Methode wohl recht erfolgreich gewesen ist. Es konnte aber auch schiefgehen. Denn durch ihre Bauweise wirken die Türme wie ein Kamin, legten die Feinde Feuer, so verbrannte alles, was sich im Inneren befand, mit Stumpf und Stiel. Zahllose Mönche und so mancher irische König fanden auf diese Art ein grausames Ende.

Clonmacnoise überdauerte die Wikingerüberfälle, doch nach den nordischen Piraten kamen die Normannen, die nichts anderes als deren Nachfolger waren. Mehrfach plünderten und brandschatzten sie die Klosteranlage, etliche Gebäude wurden zerstört. Im sechzehnten Jahrhundert traten dann die Engländer auf den Plan und begehrten die Herrschaft über Clonmacnoise. Rund hundert Jahre setzten die Mönche sich zur Wehr, dann kam Oliver Cromwell. Clonmacnoise teilte das Schicksal hunderter irischer Klosteranlagen, es wurde vollständig verwüstet und danach aufgegeben. Erst seit dem ausgehenden neunzehnten Jahrhundert werden seine Ruinen vor dem weiteren Verfall geschützt.

Ein ähnliches Schicksal teilte Glendalough in den waldreichen Wicklow Mountains südlich von Dublin. Der heilige Kevin, dessen frommes Wesen so einnehmend gewesen sein soll, dass er ständig von zwitschernden Vögeln begleitet wurde, gründete dieses Kloster im sechsten Jahrhundert unterhalb eines idyllischen Seeufers. Ganz wie Clonmacnoise erlebte es seine Blüte im zwölften Jahrhundert, als mehr als dreitausend Menschen im Tal von Glendalough lebten, und es trotzte Wikingern und Normannen, bis die Engländer auch diesem Kloster im sechzehnten Jahrhundert den Garaus machen.

Mit seinem dreiunddreißig Meter hohen Rundturm zählt Glendalough zu den Top-Sehenswürdigkeiten von Irland. Von unserem Hotel am Strand von Bray liegt es nur dreißig Kilometer entfernt, da unternehmen wir natürlich einen Ausflug in die Wicklow Mountains! Und weil wir gleich nach dem Frühstück aufbrechen und nur so einen kurzen Weg zurückzulegen haben, erreichen wir Glendalough schon morgens um neun. Das Besucherzentrum ist noch geschlossen, der Parkplatz verwaist.

So schlendern wir in völliger Ruhe und Einsamkeit zwischen den Reihen der Grabsteine von Glendalough hindurch. Es ist eine verzauberte Atmosphäre, nur das verwitterte Grau der uralten Steine, das schwermütige Grün von Eiben, Zypressen und Wacholder und das nebelverhangene Blaugrün der umliegenden Berge. Die Inschriften auf den kreuz und quer schiefstehenden Grabsteinen, die verfallenen Mauern, das Kirchlein und die keltischen Kreuze verbergen so viele Geschichten, die niemals mehr erzählt werden können. Doch es ist, als höre man ihr Raunen zwischen den stillen Gräbern.

Außer uns sind zu dieser frühen Stunde nur drei Japanerinnen in Glendalough, und so ist es kein Problem, sich aus dem Weg zu gehen und die jeweils anderen nicht dabei zu stören, die Eindrücke von Glendalough zu genießen. Als wir die Ruinen schließlich verlassen, macht sich vor dem Eingang eine Harfespielerin bereit, und der Souvenirhändler nimmt die Plane von seinem Verkaufswagen. Hervor kommen bunte T-Shirts, Postkarten, Tücher, allerhand Krimskrams und jede Menge Kühlschrankmagnete.

Wir wenden uns ab und lenken unsere Schritte weiter ins Tal hinein. Denn hier eröffnet sich ein einzigartiges Wandergebiet. Zwischen üppigen Wäldern, Feldern voller Farne, plätschernden Bächlein, Wasserfällen und zwei Seen erstreckt sich ein Wunderland der Natur.

Stunden später kehren wir zurück zum Kloster von Glendalough. Was für eine Veränderung! Das Grau der Grabsteine und Ruinen, das dunkle Grün der Bäume und Sträucher sind nicht mehr die vorherrschenden Farben. Es ist, als hätte jemand eine Tüte mit Konfetti geöffnet, mit beiden Händen hineingegriffen und die bunten Schnipsel über Glendalough verteilt!

Denn da ist er wieder, der allgegenwärtige Reigen farbenfroher Windjacken. Jeder Irland-Reisebus hält unweigerlich in Glendalough und spuckt seine Fahrgäste aus, von der Schulklasse bis zur Seniorengruppe. Meist sind sie sogar alle gleichzeitig da, das zeigt der nun übervolle Busparkplatz. Und wer könnte es ihnen verdenken?

Doch wir nehmen einen weiteren kostbaren Schatz mit nach Hause: die magischen Momente der Einsamkeit zwischen den Gräbern und Mauern von Glendalough. Sie reihen sich in den prachtvollen Bilderbogen großartiger

Panoramen, fantastischer Landschaften und berührender Geschichten, die wir in Irland entdeckt haben.

Auf diese wunderbare Insel werden wir mit Sicherheit zurückkehren!

Bean Broth with Ham – Bohnensuppe mit Schinken

Zutaten für 4 Personen: *300 g magerer Schinken am Stück, 300 g festkochende Kartoffeln, 6 Möhren, 250 g weiße Bohnen (Dose), 2 kleine Zwiebeln, 1 kl. Bd. Petersilie, 100 ml Sahne, Pfeffer*

Zubereitung: *Den Schinken in ca. 2x2 cm große Würfel schneiden und in einen Topf mit Wasser geben. Kurz aufkochen, dann das Wasser wegschütten (so wird dem Schinken überflüssiges Salz entzogen).*

Die Kartoffeln schälen und würfeln, die Möhren putzen und in Scheibchen schneiden, die Zwiebeln schälen und recht fein würfeln. Zusammen mit dem Schinken in einen Topf geben und 1 l Wasser hinzugießen. Pfeffern, aufkochen und 20 Minuten lang bei mittlerer Hitze köcheln lassen.

Die Bohnen in ein Sieb schütten und gründlich abspülen, bis sich kein Schaum mehr bildet. Dann unter die Schinkensuppe rühren und 5 Minuten lang mitköcheln lassen. Die Petersilienblättchen abzupfen und grob hacken. Zusammen mit der Sahne unter die Suppe rühren, kurz erhitzen, aber nicht mehr kochen lassen. Nun die Suppe noch einmal abschmecken. Der Schinken ist in der Regel salzig genug, sodass man die Suppe nicht mehr salzen muss. Bei milderen Sorten kann es aber sein, dass man vorsichtig nachsalzen muss.

Mit Brown Bread servieren.

Liebe Leser,

ich hoffe, Ihnen hat unsere Reise über die grüne Insel gefallen. Vertiefen Sie Ihre Eindrücke, und schauen Sie sich auch die zahlreichen Fotos aus Irland auf meiner Website ***www.almutirmscher.de*** *an.*

Natürlich freue ich mich über Ihre Tipps, Hinweise oder Anregungen und beantworte auch gerne Ihre Fragen. Schreiben Sie mir einfach an

kontakt@almutirmscher.de

Und nun reise ich weiter und werde mich mit einem neuen Thema befassen – lassen Sie sich überraschen!
Alle bisherigen Reisebücher finden Sie auf meiner Seite
www.almutirmscher.de*,*
dort werden Sie auch laufend über die Neuerscheinungen informiert.

Zum Schluss habe ich noch eine kleine Bitte: Teilen Sie Ihre Eindrücke mit anderen Lesern und schreiben Sie eine kurze Rezension auf amazon.de. Ich freue mich darauf, Ihre Meinung zu erfahren. Vielen Dank und…

... Slán. Bis bald in Irland!

Ihre
Almut Irmscher

Ich danke allen, die mich mit Tipps und Anregungen unterstützt haben.
Ganz besonders danke ich Brigitta Brand und Rosi Seidl, die mir viele schöne Fotos zur Verfügung gestellt haben.
Außerdem danke ich meinem Mann Ulrich Otto, ohne seinen Rat, seine Korrekturen, seine Aufmunterungen und seine ständige Bereitschaft, mir alle Hindernisse aus dem Weg zu räumen, wäre meine Arbeit nicht möglich.
Und natürlich danke ich meiner Freundin Gunhild Hexamer, die die Entstehung meiner Bücher stets engagiert mit ihren Hinweisen, Korrekturen und Anregungen begleitet. Gunhild ist selbst Autorin, wenn Sie sich für Nordamerika interessieren, dann empfehle ich Ihnen ihre Bücher

Gunhild Hexamer - **Arizona erleben:**
33 Geschichten aus dem Land des Grand Canyon
ISBN-10: 1508805911 ISBN-13: 978-1508805915

Gunhild Hexamer - **Kalifornien erleben:**
33 Geschichten aus dem Land der Superlative
ISBN-10: 1530104297 ISBN-13: 978-1530104291

Die Reihe der Lesebücher von Almut Irmscher wird fortgesetzt. Bisher sind erschienen:

Das Schottland-Lesebuch
Impressionen und Rezepte aus Highlands und Lowlands
ISBN-10: 1499608969 ISBN-13: 978-1499608960

und der zweite Band: **Das Schottland-Lesebuch**
Impressionen und Rezepte von einer Reise durch das Land der Moore und Mysterien
ISBN-10: 1530766478 ISBN-13: 978-1530766475

Das England-Lesebuch
Impressionen und Rezepte aus dem Land der Traditionen
ISBN-10: 1502714612 ISBN-13: 978-1502714619

Das Cornwall-Lesebuch
Impressionen und Rezepte aus dem Pilcher-Land
ISBN-10: 1499155220 ISBN-13: 978-1499155228

Das Dänemark-Lesebuch:
Impressionen und Rezepte aus dem Land des Glücks
ISBN-10: 1507647336 ISBN-13: 978-1507647332

Das Italien-Lesebuch:
Impressionen aus dem Land der Sehnsucht
ISBN-10: 1492770221 ISBN-13: 978-1492770220

und der zweite Band: **Das Italien-Lesebuch:**
Neue Impressionen aus dem Land der Sehnsucht
ISBN-10: 1495928187 ISBN-13: 978-1495928185

Das Toskana-Lesebuch
Impressionen und Rezepte aus dem Land von Kunst und Genuss
ISBN-10: 1500960519 ISBN-13: 978-1500960513

Das Sizilien-Lesebuch
Impressionen und Rezepte von der Insel der Götter
ISBN-10: 1534689974 ISBN-13: 978-1534689978

Das Hamburg-Lesebuch
Impressionen und Rezepte aus der Hafenmetropole
ISBN-10: 1514288001 ISBN-13: 978-1514288009

Das Nordsee-Lesebuch
Impressionen und Rezepte von der deutschen Nordseeküste
ISBN-10: 150880110X ISBN-13: 978-1508801108

Das Ostsee-Lesebuch
Impressionen und Rezepte von der deutschen Ostseeküste
ISBN-10: 1511859997 ISBN-13: 978-1511859998

Das Bayern-Lesebuch
Impressionen und Rezepte aus dem Land südlich des Weißwurst-Äquators ISBN-10: 1503264750 ISBN-13: 978-1503264755

Das bergische Lesebuch:
Impressionen und Rezepte aus dem Bergischen Land
ISBN-10: 1516835581 ISBN-13: 978-1516835584

Das Österreich-Lesebuch
Impressionen und Rezepte aus dem Land von Walzertakt und Mozartkugeln ISBN-10: 151888914X ISBN-13: 978-1518889141

Das Provence-Lesebuch
Impressionen und Rezepte aus dem Land des Lichts
ISBN-10: 1500305596 ISBN-13: 978-1500305598

Das Rhein-Lesebuch
Impressionen und Rezepte aus Stadt und Land am großen Fluss
ISBN-10: 1523690275 ISBN-13: 978-1523690275

Romane von Almut Irmscher:

Aus Lippstadt - eine Reise ohne Ziel
ISBN-13: 978-1507786574 ISBN-10: 1507786573

Bunga Bunga - ein wirklich böser Mafia-Roman
ISBN-10: 1496097041 ISBN-13: 978-1496097040

Wie die Libelle in der Wasserwaage - Roman
ISBN-10: 1495437396 ISBN-13: 978-1495437397

Es wird gegessen, was auf den Tisch kommt!
- ein biografischer Roman aus der Küche.
ISBN-10: 1506175171 ISBN-13: 978-1506175171

Alle Bücher sind als Taschenbuch oder zum Download für den Kindle erhältlich.

Aktuelle Informationen zu Neuerscheinungen auf www.almutirmscher.de

Irland

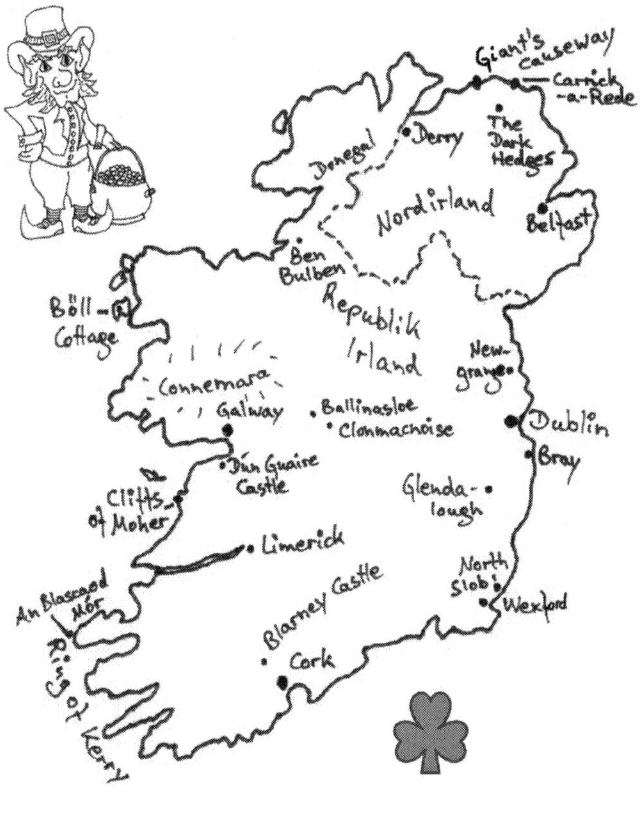

Giant's Causeway
Carrick-a-Rede
The Dark Hedges
Derry
Donegal
Nordirland
Belfast
Ben Bulben
Republik Irland
Böll-Cottage
Connemara
Galway
Ballinasloe
Clonmachoise
New-grange
Dublin
Bray
Dún Guaire Castle
Cliffs of Moher
Glenda-lough
Limerick
North Slob
Wexford
Blarney Castle
An Blascaod Mór
Cork
Ring of Kerry

15561634R00128

Printed in Poland
by Amazon Fulfillment
Poland Sp. z o.o., Wrocław